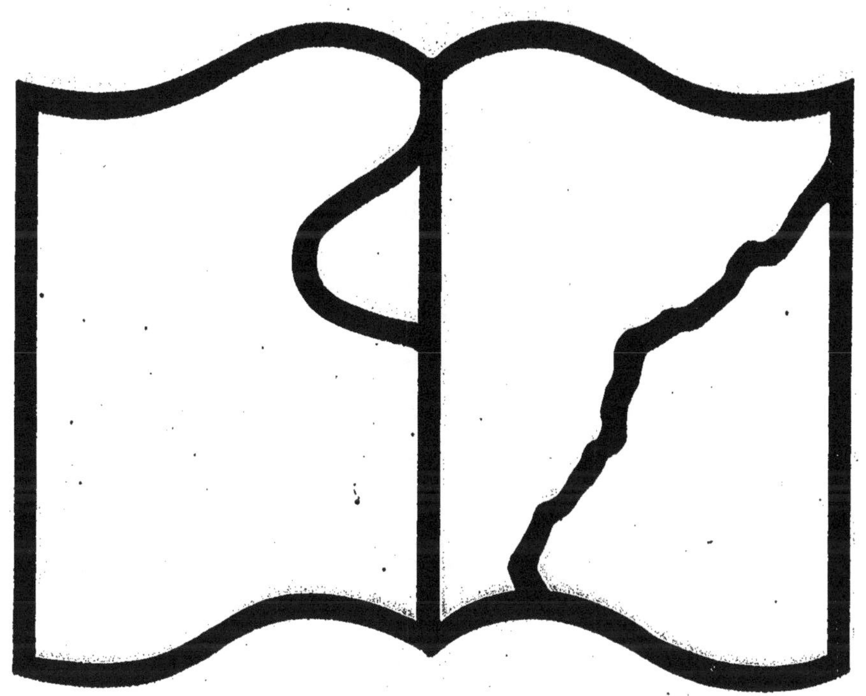

Texte détérioré — reliure défectueuse

NF Z 43-120-11

**Symbole applicable
pour tout, ou partie
des documents microfilmés**

DE L'IMPÔT

SUR LA

PRODUCTION ÉTRANGÈRE

PAR

JEHAN

Membre de la Société Académique de Nantes

&

CORRESPONDANT DE LA REVUE D'ALSACE

DEUXIÈME ÉDITION

REVUE ET AUGMENTÉE

*Les intérêts du Trésor public
sont ceux de tous les citoyens.*
(G. PALLAIN.)

*Le meilleur tarif serait celui qui
taxerait toutes les marchandises sans en surtaxer aucune.*
(AMÉ).

SAINT-NAZAIRE

IMPRIMERIE FRONTEAU, RUE DE L'HOTEL-DE-VILLE

1886

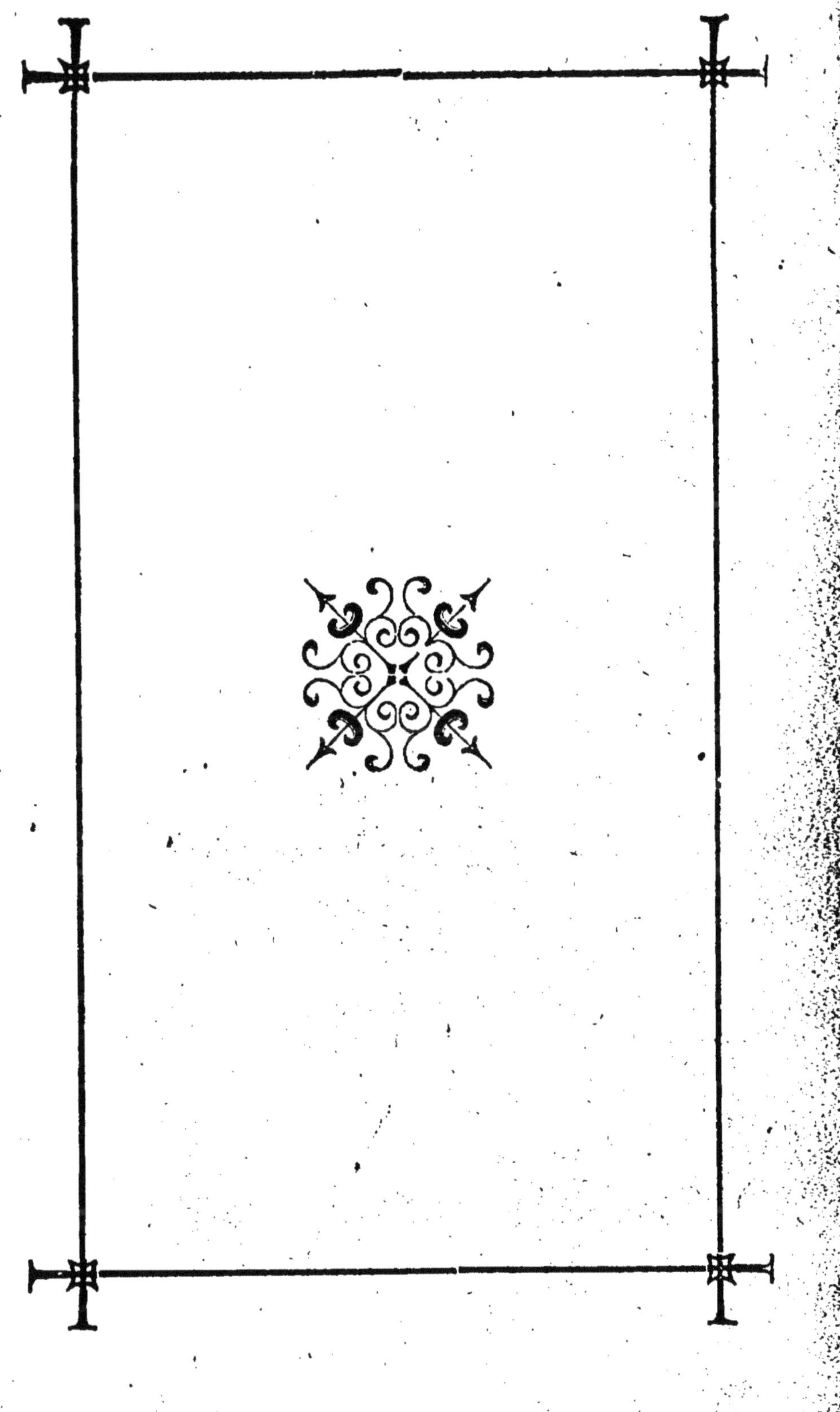

DE L'IMPOT

SUR LA

PRODUCTION ÉTRANGÈRE

DE L'IMPOT

SUR LA

PRODUCTION ÉTRANGÈRE

PAR

JEHAN

Membre de la Société Académique de Nantes

&

CORRESPONDANT DE LA REVUE D'ALSACE

DEUXIÈME ÉDITION

REVUE ET AUGMENTÉE

*Les intérêts du Trésor public
sont ceux de tous les citoyens.*
(G. PALLAIN.)

*Le meilleur tarif serait celui qui
taxerait toutes les marchandises sans en surtaxer aucune.*
(AMÉ).

SAINT-NAZAIRE

IMPRIMERIE FRONTEAU, RUE DE L'HOTEL-DE-VILLE

1886

A M. G. PALLAIN

Conseiller d'Etat, ancien Directeur du Contentieux et de l'Inspection générale des finances, Directeur général des Douanes.

Hommage

du profond respect & du dévouement de l'auteur.

JEHAN.

PRÉFACE

Je publie ma pensée sur l'impôt qui est dû par la production étrangère, lorsque la production nationale est imposée.

Rien de plus long et de plus ennuyeux à démontrer que ce qui n'a pas besoin de preuves. Il n'est pas nécessaire d'établir, je crois, qu'un et un font deux, que deux et deux font quatre. Cette vérité avancée, la clarté du fait est laissée à elle-même, et elle agit sur notre entendement sans l'appui de témoignages incontestables.

Tel est le cas des droits d'importation.

DE L'IMPOT

SUR LA

PRODUCTION ÉTRANGÈRE

APERÇU GÉNÉRAL

—•o§o•—

> Des tarifs basés sur de faux principes
> ont engagé l'industrie et le commerce
> de la France dans de fausses voies.
> (T. DUCHATEL.)

De nos jours, comme dans les temps antiques, tous les peuples demandent à l'impôt le moyen de pourvoir aux dépenses utiles à leur bien-être, à leur sécurité et à leur gloire. Une taxe unique sur les denrées et les marchandises faisant l'objet d'un échange paraît être, par sa simplicité, le premier mode de contribution publique dont on s'est servi. La perception en a toujours été effectuée à l'entrée des villes, ou seulement à la frontière, lorsqu'il y a eu possibilité.

L'impôt sur les marchandises étrangères possède, en effet, cet avantage singulier qu'il a toujours été préféré par tous les gouvernements et par toutes les nations, soit que celles-ci fussent agricoles, manufacturières on commerçantes. C'est que, pour ne pas empêcher la production de prendre le développement dont elle est susceptible, comme pour ne point rendre trop lourde la cote due par chaque citoyen à l'Etat, la contribution indirecte, sagement assise, peut procurer un immense revenu au Trésor public, tout en n'influant pas d'une manière trop sensible sur le prix des objets qui la supportent.

S'il est essentiel, en matière d'impôt, de choisir le moment les plus opportun pour l'exiger du contribuable, il est certain que les droits d'importation se prêtent, on ne peut mieux, à l'application de ce principe fécond d'économie financière. L'occasion la plus propice et la plus naturelle, pour effectuer la perception de la taxe, sera toujours celle où le produit sur lequel elle est établie quitte sa valeur nominale et prend une valeur réelle, en faisant l'objet d'une transaction ; c'est-à-dire alors que vendeur et acheteur réalisent un bénéfice sur la marchandise.

Or, il ne saurait y avoir de circonstance plus favorable que celle qui se

présente lorsque le détenteur des produits
étrangers les apporte sur un marché,
autre que celui où ils ont été créés.
L'échange se fait par conséquent en toute
indépendance. Dans le sens fiscal, ce
traitement offre une entière similitude
avec celui dont jouissent les propriétaires
des marchandises indigènes ; dès lors,
l'assimilation est complète. Ainsi com-
parés et dégagés de toute idée protectionniste, les droits d'importation
seront toujours faciles à établir, à percevoir et leur rentrée ne saurait être
onéreuse pour le Trésor public.

Pendant longtemps les taxes en question n'ont été instituées que dans un but
purement fiscal. En Orient, comme en
Occident, une idée simple les avait fait
naître, se consolider et durer : les denrées
et les marchandises nationales acquittant
leur contingent des charges générales,
au moyen d'autres impôts, on avait voulu
que les denrées et les marchandises
étrangères ne fussent pas exemptes de
fournir le leur.

Tel était le principe. On l'appliquait
surtout en Chine, il y a quelques mille
ans, s'il faut en croire un savant de
l'autre côté du Rhin, qui a traduit, au

commencement du XIXº siècle, les livres classiques du Céleste-Empire.

Cependant cette première règle de toute science économique et financière n'a pas toujours été prise pour guide par certains législateurs de l'époque actuelle. Soit par ignorance des phénomènes économiques soit, très souvent, par la manie déplorable de faire du nouveau quand même, on a très souvent tout imposé ou dégrevé outre mesure.

Par la manière rapide dont les lois sur les contributions étaient autrefois conçues, étudiées et promulguées, les idées fiscales, essentiellement mobiles et changeantes, ressemblaient, en quelque sorte, au cavalier de Luther. En France par exemple, avant que les vraies lois de la création, de la répartition, de la consommation des richesses fussent bien connues, les diverses taxes qui frappaient les objets venus du dehors n'avaient aucun caractère de fixité. Elles étaient établies, réduites ou supprimées sans qu'il fut tenu compte de la pondération que, sous le rapport de l'impôt, on doit établir, autant que possible, entre toutes les branches de l'industrie d'un pays.

Mais lorsqu'on eût adopté le système de l'isolement industriel, système que les

idées de liberté commerciale font disparaître progressivement, les droits d'importation n'ont plus été une source
essentielle de revenu public. Sur la foi
de l'école mercantile, on avait cru le
commerce d'exportation comme seul productif. Un peuple, disait-on, ne pouvait
s'enrichir que s'il vendait toujours sans
jamais acheter. Sous l'influence de cette
doctrine, qualifiée d'anti-économique par
le progrès social, le numéraire était toute
la richesse.

Par suite, on avait été naturellement
conduit à repousser par des droits exces-
sifs ou par des prohibitions, les denrées
et les marchandises manufacturées ayant
leurs similaires dans le pays. Des conditions analogues avaient été faites à tout
ce qui pouvait, par mer, être tiré des
contrées éloignées ou voisines, selon que
l'importation en serait effectuée, sous
pavillon national ou par navire étranger.

Comme toutes les mauvaises institutions, le système exclusif devait disparaître. Par la force des choses, on
a compris que vouloir l'accaparement
du numéraire est un désir impossible à réaliser, et, de plus, tout-à-
fait contraire à la prospérité d'un Etat ;
que le seul commerce productif consiste à

échanger des marchandises contre d'autres marchandises. Il est aussi hors de doute maintenant que, pour pouvoir entrer dans les ports des nations civilisées et leur vendre ce qu'on a, il faut laisser entrer chez soi les navires de ces mêmes nations ; en d'autres termes, que pour aller chez les autres, il faut laisser les autres venir chez soi ; enfin, que dans les rapports commerciaux, comme dans toutes les relations de l'ordre social, la réciprocité est une chose dont on ne peut se passer.

Voilà ce que la science économique et financière, d'accord avec l'observation et l'expérience, est parvenue à faire entrer dans les esprits. Certes, il faut bien le dire, ce n'a pas été sans peine. Le vieux régime commercial jouit depuis trop longtemps d'une inviolabilité aussi ridicule que néfaste. Le préjugé, l'erreur et les privilèges abusifs forment son funeste cortège. Toutes ces tristes choses sont la cause des guerres désastreuses qui, périodiquement, désolent l'ancien monde, le nouveau et toutes les mers depuis le dix-septième siècle.

La liberté commerciale et la protection luttent maintenant encore l'une contre l'autre d'une manière qui semble à peu près égale. Mais il n'est pas difficile de tirer l'horoscope du nouveau conflit qui vient d'éclater entre les deux écoles économiques. C'est dans le sens de l'indépendance commerciale que la question sera résolue, parce que l'idée de liberté et celle de privilège s'excluent ; en un mot, il faudrait mal connaître l'époque contemporaine pour ne point pressentir à laquelle de ces deux idées est incontestablement dévolue la victoire.

Toutefois, si l'on se livre à l'appréciation de certaines immunités réclamées par les partisans du système libre-échangiste, on se demande s'il serait équitable d'accorder l'exonération de toute taxe aux marchandises étrangères, quelles qu'elles soient, alors que toutes les marchandises nationales sont imposées.

Ici, comme en toute chose, la règle doit prévaloir. Etant admis que la législation fiscale proclame la franchise en question sur les marchés où les propriétaires du sol, les fabricants et les industriels paient leur part contributive des charges générales, on se demande pourquoi cette même législation traiterait les producteurs étrangers autrement que les producteurs métropolitains.

Pour répondre à cette grande question, il convient d'examiner séparément :

1° *Les besoins de l'Etat*. — Causes qui les rendent légitimes ;

2° *Les principales taxes publiques*. — Dans quelle mesure chacune d'elles répond aux conditions d'équité et d'intérêt social. Lien qui les unit entre elles.

3° *Le droit fixe sur les produits étrangers*. — Examen des allégations émises pour le rendre impopulaire. Justice de ses dispositions.

4° *Le droit protecteur*. — Ses conséquences. Ses dangers.

5° Les phénomènes de la production et de la consommation considérés au point de vue de la morale publique.

CHAPITRE Ier

Besoins de l'Etat

> Chacun doit se faire honneur et
> plaisir de contribuer aux besoins
> de l'Etat, à sa conservation, à son
> agrandissement et à tout ce qui
> peut l'honorer et le maintenir.
> VAUBAN.

Avant d'entrer dans le cœur de la question des droits sur la production étrangère, il n'est pas inutile de rechercher d'abord la raison d'être de l'impôt en général. Subsidiairement, nous ferons quelques réflexions sur cette vérité qui est aussi une raison de premier ordre : les peuples civilisés, quelle que soit leur constitution, ne sauraient exister et continuer de se régir, selon leurs propres lois, qu'à la condition de s'imposer certaines dépenses dont la chose commune doit profiter.

L'examen préalable de ces deux propositions, fait très succinctement, paraît commandé par la gravité de la matière ; car, depuis plus d'un siècle, elle est la cause de nombreuses recherches des savants, surtout des philosophes et des économistes. Ce chemin n'est pas à dédaigner pour arriver à prouver, plus tard, la justice de la taxe sur les marchandises arrivant de l'extérieur.

Mais il faut l'avouer à l'honneur de la science, si elle n'a pas désobstrué entièrement le chemin qui empêche de se rendre exactement compte de la nature et des effets des impositions, il n'en est pas moins vrai aussi que l'obscurité sur ce point diminue tous les jours d'une manière sensible. Ce bienfait est dû tout entier à la franchise apportée dans la discussion par tous les publicistes qui s'occupent de la philosophie des taxes publiques.

Equitablement réparti, l'impôt est à la prospérité d'un peuple intelligent et laborieux, ce que la vapeur et l'électricité sont à la civilisation. On ne peut nier ce qui suit : quand on prend la modération pour base et qu'il est employé dans l'intérêt général, l'impôt, par la vertu qui lui est propre, acquiert une énergie, une force pouvant, à tous égards, être comparée absolument à la puissance d'impulsion de ces deux agents du progrès social.

En effet, quel que soit le côté par lequel on examine le principe des dépenses publiques, tel qu'il est compris de nos jours, il n'est pas possible de soutenir, comme autrefois, que les diverses taxes sont un mal nécessaire. Loin de là, elles contiennent, au plus haut degré, la source physique et intellectuelle qui se répand sur toute la société et dont chaque citoyen éprouve la bienfaisante influence. C'est ici que pourrait trouver place la fiction ingénieuse racontée par La Fontaine, des membres et de l'estomac, apologue présenté différemment mais avec beaucoup d'esprit, par le plus grand des remueurs d'idées contemporaines, Proudhon.

Les services rendus par l'impôt sont essentiellement multiples et variés, comme les nombreuses mamelles qui le produisent. De ces services, les uns sont, apparents ; les autres, au contraire, sont, pour ainsi dire, tellement cachés qu'ils ne sauraient être appréciés par ceux qui ne se rendent pas suffisamment compte des causes utiles au fonctionnement des principaux rouages, comme des plus faibles moteurs du mécanisme social.

Quoi qu'il en soit, rien en France ne pourrait persister et progresser, être entrepris et conduit à sa fin, sans ce que chaque citoyen doit, dans la mesure de ses facultés, donner au Trésor public, soit directement, soit indirectement.

Les revenus d'un Etat se trouvent constitués au moyen de cette cote part. Ils sont formés par des sommes plus ou moins considérables exigées de tous ceux qui forment la nation ; il ne serait donc pas possible, sans le concours de chacun, de faire des dépenses d'intérêt général et de garantir les personnes et les propriétés des atteintes qui leur seraient inévitablement portées.

Ce qui mérite, à coup sûr, d'être observé, c'est que plus un peuple avance dans la voie de la civilisation et acquiert de la richesse, plus les dépenses augmentent pour le faire continuer dans cette heureuse direction. La cause en est due à la nature particulière des besoins de l'homme, lesquels, sans jamais s'arrêter, prennent une importance toujours proportionnée à l'action en avant réalisée par les connaissances humaines ayant pour objet l'utilité.

Ce mouvement de nos idées est appelé le progrès. Il a été défini de la manière suivante, dans un discours ministériel où respire la plus pure raison et le meilleur bon sens : « Le progrès est » un but qui se déplace sans cesse. » Quel que soit l'effort qu'il ait coûté, » on ne peut s'arrêter même après le » succès Il faut développer sans relâche, » sous l'effort combiné de la science » et du travail, tous les éléments de la » richesse, asservir de plus en plus la » matière à nos besoins. »

Un pays stationnaire en civilisation ne sent pas le besoin de nouvelles jouissances, ni celui d'améliorer les facultés qu'il possède. C'est regrettable, car tout développement, quelque léger qu'il soit, fait par lui dans ce sens, augmente sa richesse et sa force.

Les dépenses d'une nation ne peuvent donc avoir d'autres limites que celles de la grandeur des intérêts servis par elles fructueusement, et lorsqu'on cherche à mettre des restrictions systématiques aux dépenses reconnues nécessaires par l'opinion publique, on mérite d'être blâmé, comme si l'on cherchait à empêcher ou à contrarier les découvertes spéculatives ou les applications industrielles. En ce monde, enfin, rien ne se fait de rien ; s'il est vrai que le progrès exige du calme, il n'en est pas moins vrai aussi que lorsque les revenus d'un Etat augmentent avec la richesse générale, on peut être certain que cette ère de paix et de prospérité a pour cause unique l'heureuse entente de la population avec son gouvernement.

L'opposé a naturellement lieu si, les besoins généraux étant nombreux à satisfaire, les revenus publics ne peuvent pourvoir à ce qui est utile. Ici il y aurait peut être lieu d'établir une distinction essentielle entre les besoins réels et ceux qui ne le sont pas. Nous n'en dirons rien, par ce que cette question ne rentre pas dans le cadre que nous nous sommes tracé.

Cependant, il faut bien l'avouer, quand la dépense est universellement réclamée dans l'intérêt, l'honneur ou la splendeur d'un peuple, elle devient obligatoire par cela même que sa nécessité est reconnue. Colbert, dans ses sublimes conceptions, entendait ainsi le ménagement des deniers publics. « Il faut épargner cinq sous aux » choses non nécessaires, disait-il à » Louis XIV, et jeter les millions quand » il est question de l'intérêt ou de la » gloire du pays. » Un repas de 8,000 livres faisait de la peine à ce modèle des ministres. Mais il raisonnait autrement s'il s'agissait de millions d'or pour secourir un peuple dont le commerce français pouvait retirer honneur et profit. « J'engagerais, continuait-il, ma femme et mes enfants, et j'irais à pied toute ma vie pour y fournir. »

On peut prendre comme thermomètre certain de la prospérité publique, la facilité ou la difficulté éprouvée pour la rentrée de l'impôt. Lorsque la richesse générale décline, tout contraint impérieusement un peuple à réaliser des économies sur ses dépenses essentielles : l'impôt produisant beaucoup moins, il faut nécessairement se restreindre. Cet état de choses peut n'être que passager, mais s'il persiste, c'est alors le signe certain du passage de l'état de force à celui de faiblesse. Les nations acquièrent de la prospérité ou tombent en décadence, absolument comme ces manufacturiers dont la bonne ou la mauvaise fortune dépend du degré de vigilance ou d'habileté apporté par eux dans le maniement de leurs affaires.

Nous pourrions pousser le parallèle plus loin et dire que le degré de puissance et d'abaissement des uns comme des autres

dépend aussi de la place prise et conser-
vée par eux dans le champ, commun de
nos jours, de l'industrie et de la civilisation. Il faut ajouter, enfin, qu'en
politique comme dans tous les arts, on ne
doit jamais se laisser devancer par ses
concurrents, là où la rencontre peut en
être faite. Pour parvenir à cette sécurité
nationale, il est indispensable de faire
usage des procédés dont l'application ne
peut, très souvent, être ajournée sans
danger sérieux.

Nous citons, à l'appui de notre argumentation, quelques paroles tirées d'un
document financier, aussi sage dans son
exposé que fertile en résultats avantageux : « Le patriotisme du pays va
s'imposer de grands sacrifices, mais il
y gagnera la meilleure garantie de la
paix, celle qui résulte de la force ; non
pas de cette paix inquiète, soupçonneuse,
pendant laquelle chaque nation, dans la
crainte d'un conflit, ne cesse de faire la
guerre à sa prospérité, à son crédit ;
mais la paix calme, sûre d'elle-même,
féconde, reposant sur la commune entente
et le respect mutuel, celle que le peuple
français, dans sa clairvoyante sagesse,
poursuit de ses vœux et de ses efforts. »

Il est hors de doute que lorsqu'un gouvernement s'ingénie à mettre en pratique les innovations ou les perfectionnements dont l'utilité est devenue indispensable, la nation administrée de la sorte parvient non seulement à un haut degré de splendeur, mais elle réussit encore à conjurer les dangers de toute nature naissant de la rivalité intelligente d'un autre peuple.

De nos jours, qui ose encore défendre le privilège, considéré comme avantage exclusif ? Ces rares défenseurs ne se rencontrent guère que parmi les esprits arriérés, vrais représentants de l'anachronisme et aussi dans certains groupes de personnes mues seulement par l'instinct, très souvent aveugle, de l'intérêt privé. Dans les nations, comme chez les individus, le seul privilège admissible c'est le don naturel ou celui qui résulte du travail.

Mais ce don naturel, ce penchant, cette aptitude supérieure, ce génie dont la Providence a gratifié un peuple, ne faut-il pas le conserver, le développer, ou bien faut-il le laisser s'affaiblir et disparaître comme se sont évanouies les mœurs simples de nos pères ? A qui incombet-elle la tâche de faire arriver les facultés d'une nation au plus haut degré qui puisse être atteint ?

Evidemment à chaque individu, dans la mesure de la force d'impulsion qu'il peut et doit donner pour le bien général, et à l'Etat, dans la juste proportion des moyens d'encouragement qu'on lui aura départis, car, ne l'oublions pas, c'est ce qui constitue excellemment la puissance collective. Dans cet ordre d'idées, l'Etat étant la représentation exacte d'un tout homogène, c'est de lui qu'il faut attendre la plus grande somme de l'excitation qui doit animer, faire vivre et prospérer le corps social.

Pour atteindre ce but, les gouvernements n'ont d'autres ressources que celles de l'impôt.

Jusqu'à présent, personne n'a jamais nié cette vérité. Il n'y a pas lieu d'en être surpris, attendu qu'elle tient sa raison d'être de la nécessité et de la nature des choses tout ensemble. Ce principe financier n'est pas nouveau : il date de la formation des sociétés humaines, c'est-à-dire de l'époque où les premiers peuples s'unissant pour leur défense commune, ont formé ainsi de petites agglomérations politiques.

Les bienfaits produits par les contributions publiques ont été formulées de diverses manières : En voici une qui n'a pas le mérite d'être nouvelle, mais dont le langage figuré pourra, peut-être, la rendre plus saisissante que les autres.

Le prélèvement de l'impôt peut se comparer à l'action du soleil, qui absorbe les vapeurs de la terre pour les répartir ensuite à l'état de pluie sur tous les lieux qui ont besoin d'eau pour être fécondés et pour produire. Lorsque cette restitution s'opère régulièrement, la fertilité s'ensuit; mais lorsque le ciel, dans sa colère, déverse partiellement en orages, en trombes et en tempêtes les vapeurs absorbées, les germes de production sont détruits et il en résulte la stérilité, car il donne aux uns beaucoup trop et aux autres pas assez.

Cependant qu'elle qu'ait été l'action bienfaisante de l'atmosphère, c'est presque toujours la même quantité d'eau qui a été prise et rendue. La répartition seule fait la différence. Equitable et régulière, elle crée l'abondance ; modique et partielle, elle amène la disette.

CHAPITRE II

Des principales taxes publiques

L'impôt est un fait général, une nécessité sociale. Les nations qui ont disparu n'ont pu s'en passer. — Ou le trouve établi parmi les habitants des pays barbares comme dans les gouvernements façonnés par le progrès. Seulement ceux-ci ont donné pour ainsi dire un vernis de civilisation aux taxes publiques, tandis que ceux-là soit par ignorance, soit par faiblesse les laissent encore à l'état rudimentaire. Chez les sauvages, lorsque l'arbitraire et la violence ne s'en mêlent pas, ce que chacun doit donner est déterminé en raison directe des notions d'équité développées parmi les chefs de tribus.

Depuis que les idées de justice sont mieux connues, mieux comprises, mieux appliquées, l'impôt en France, se règle, se précise et par suite s'affermit tous les jours davantage dans les esprits. Son absolue nécessité est reconnue ; on ne voit plus personne s'inscrire en faux contre son utilité.

Notre but n'étant pas d'écrire une théorie complète des droits d'importation, nous n'irons pas rechercher d'où vient la variété d'impôts remarquée parmi les divers peuples. En Angleterre, en Russie, en Allemagne, aux Etats-Unis, la manière de percevoir les contributions publiques diffère essentiellement de la nôtre. La législation fiscale de la France présentant une combinaison admirable de ce qu'on voit ailleurs, nous allons rechercher d'abord et examiner ensuite comment il a pu se faire que les principales taxes actuelles aient été créées dans ce pays. La justice des droits d'entrée sur les produits venant de l'extérieur sera la conséquence naturelle de cette comparaison.

La grande pensée qui a présidé à ce tout si bien coordonné, a été produite par les idées égalitaires et de justice, car l'appui mutuel que se prêtent en France les divers services financiers fait l'admiration des économistes de tous les pays. Enlever l'un des ces services, c'est vouloir faire tomber les autres et amener la chute du système. Notre assertion au cas actuel est positivement vraie. La prouver par des témoignages, surtout en ce qui concerne les droits d'importation, n'est pas hors d'à-propos.

Nous n'aimons pas le charlatanisme, les opinions singulières ne sont pas de notre goût. Quand on veut établir la vérité d'une chose, on doit s'en tenir au sens commun. Les opinions formées à priori mettent de deux façons l'écrivain sous leur puissance absolue : la première, c'est quand il ne veut jamais convenir de ce qu'elles présentent d'opposé avec sa manière de voir ; la seconde, quand il veut soutenir, quand même, ce qu'il croit y trouver de favorable à sa cause.

Ici, comme en toute chose d'ailleurs, pour être certain de ne pas faire fausse route, pour ne pas être dupe de principes chimériques, pour parvenir, en un mot, au but que nous nous proposons, nous prendrons pour guide la seule méthode admise par toutes les sciences expérimentales. L'observation sera donc le fil d'Ariane qui nous conduira à travers le labyrinthe de ce qu'enseigne la science financière de tous les temps. Ce que l'attention et la connaissance acquise par une longue pratique, unies à la raison la plus sévère, ne nous confirmeront pas comme étant rigoureusement vrai, sera négligé.

Les régles constamment suivies dans l'établissement de toute imposition publique n'ont pas sensiblement varié depuis les Grecs et les Romains jusqu'à nos jours. Sauf certains préjugés du temps remplacés, à notre époque, par d'autres préjugés, on a toujours posé ce principe : l'impôt est dû par tous les citoyens, et il doit être prélevé sur ce que chacun gagne. La forme, ou la manière de s'y prendre, fait toute la différence entre les anciens et les modernes.

A Rome, comme dans les républiques helléniques, le travail était exécuté par des esclaves. L'homme réduit en servitude était une chose, une valeur commerciale susceptible d'être vendue aux enchères publiques ou cédée de gré à gré. Soit par sa location, soit par son labeur manuel, l'esclave rapportait un bénéfice à la demeure du maître, qui devait en donner une part à l'Etat. Seulement, dans les circonstances extraordinaires, la cotisation exigée venait, en quelque sorte, plus directement des citoyens, car elle était prise sur leurs revenus proprement dits. Mais cette contribution n'était obligatoire que dans les cas fort rares où le trésor général se trouvait à sec; aussi une pareille demande pour secourir la caisse publique en détresse, avait-elle seulement lieu lorsque les villes ou les pays tributaires, trop pressurés, finissaient par se révolter, ou quand il n'y avait pas de nouvelles contrées à conquérir et par conséquent à piller.

Le moyen-âge a continué les traditions économiques et financières de la fiscalité athénienne et romaine. Serfs, vilains et roturiers étaient taillables et corvéables jusqu'à merci et miséricorde.

La question de l'égalité contributive, comme l'entend le droit moderne, ne pouvait échapper aux investigations des philosophes et des économistes du dix-huitième siècle. La tâche difficile et glorieuse qu'ils se donnaient avait pour but de provoquer la réforme des institutions n'ayant pas l'équité pour base. La révolution française, qui a été l'épilogue de ce grand mouvement intellectuel et social, a dû reprendre l'édifice en sous-œuvre. Tout, en effet, était à refaire en matière de droit public, d'industrie et de commerce. Pour la première fois, les

doctrines de la science sociale allaient
être appliquées.

L'égalité proportionnelle des charges
publiques, toute prête à éclore, avait été
enfin résolue dans la nuit immortelle du
4 août 1789. C'est dans cette séance
mémorable que fut définitivement abattu
tout ce qui restait du régime féodal. On
y proclama la suppression des inégalités
civiles et fiscales, et, en déclarant le
travail libre, on abolit aussi les jurandes
et maîtrises. Leurs institutions, où la
routine le disputait à la barbarie, furent
déchirées et mises en lambeaux par la
liberté.

Une parole célèbre de l'abbé Sièyes
avait indiqué, on ne peut mieux, quelle
était la partie, jusque-là ignorée, de
l'Assemblée Constituante, qui devait
désormais, par sa seule volonté, tout
ramener à son point de départ : « Qu'est-
ce que le Tiers-État, disait le fougueux
tribun ? Rien. Que doit-il être ? Tout. »

Ce mot, paraît-il, eut une puissance
irrésistible, car, après avoir été prononcé,
il fit disparaître un grand nombre d'abus
devenus intolérables. Par le fait de leur
égalité devant la loi, tous les français,
sans exception, se trouvèrent logique-

ment soumis au paiement des contribu-
butions publiques. La hardiesse des
réformes fiscales consistait principalement
dans la création de l'impôt personnel et
mobilier ; dans l'assujetissement, à l'impôt foncier, de tous les propriétaires du
sol, sans distinction, et dans la création
d'un droit prélevé sur les patentes obte-
nues par les fabricants et autres industriels.

En ce qui concerne cette dernière taxe,
la raison majeure qui avait déterminé un
pareil appel à des richesses nouvelles
créées par le travail émancipé, c'est que
les caisses de l'Etat étant vides, il fallait
les alimenter, afin de mettre le gouvernement dans la possibilité de satisfaire
des besoins immenses. Pour résoudre les
difficultés sans limites qui surgissaient
sans cesse, il devenait indispensable de
secourir le Trésor. On devait donc, entre
autres impôts à établir, créer celui des
patentes. C'était de toute justice, morale-
ment et financièrement parlant. On s'a-
dressait ainsi à une classe nombreuse de
producteurs que l'on venait de régénérer,
en leurpermettant d'arriver soit à l'ai-
sance, soit à une condition plus prospère
encore, en y concourant par le travail,
véritable trésor, et par une conduite sage,

prévoyante, qui en est le complément indispensable.

Alors, comme maintenant, la patente était l'autorisation écrite accordée par l'Etat à toute personne voulant exercer une industrie légitime. Mais le gouvernement n'a jamais eu la prétention de refuser, quand même, l'exercice de n'importe quelle profession à qui voudrait s'y livrer.

Désormais, le champ était libre. D'ailleurs, on n'avait pas aboli un monopole odieux pour le remplacer par un autre plus odieux encore. Il était reconnu, au contraire, que la faculté de travailler est le premier des droits de l'homme, et que ce droit est pour lui le plus sacré, le plus imprescriptible.

On appliquait de nouveau ici ce fameux axiome financier : les services doivent être payés par ceux qui les reçoivent. L'imposition de la production manufacturière nationale était devenue légitime comme celle de la production agricole, depuis qu'Adam Smith avait démontré que les fabricants sont producteurs au même titre que ceux qui travaillent la terre. J.-J. Rousseau fut le révélateur de ce principe : C'est ce qui produit qui doit payer.

L'assemblée constituante ne contrastant jamais avec ses principes. Tout ce qu'elle faisait portait le caractère de l'homogénéité. Ainsi, la création de l'impôt des patentes et celle de l'impôt foncier eurent pour conséquence impérieuse l'abolition des douanes intérieures et l'organisation, rendue plus supportable, des douanes extérieures. Dans ce travail de récomposition, la logique devint le seul guide des réformateurs. Les produits nationaux naturels ou manufacturés, étant désormais, sans exception, soumis à la taxe, soit d'une manière directe pour les uns, soit d'une manière indirecte pour les autres, on n'avait pas voulu privilégier les produits tirés de l'étranger.

Ne l'oublions pas, tous les travailleurs étaient émancipé; et n'importe quelle propriété foncière se trouvait frappée d'une contribution publique. La grande pensée de l'époque, l'égalité, mais l'égalité dans la limite du possible pour les hommes comme pour les choses, se retrouvait partout, autant, du moins, que pouvait le permettre cette période glorieuse d'essais hasardeux et la manière dont le monde philosophique et économique d'alors comprenait les questions

agricoles, manufacturières et commerciales.

La même assemblée réorganisa aussi
l'administration de l'enregistrement,
connue précédemment sous le nom de
contrôle et d'insinuation. Cette branche
des services publics a plus d'un rapport
avec la douane. Toutes les deux ont le
même caractère dominant : il consiste à
percevoir un droit sur certaines valeurs
passant d'une main dans une autre main,
quel que soit celui qui donne ou qui reçoit.

En inaugurant le droit moderne, la
révolution française a donc établi, comme
elle le pouvait, l'égalité devant la loi
fiscale des français et de leurs produits.
Le tout était résumé dans une synthèse
admirable : recherche de la richesse ou
imposition de n'importe quel revenu ou
valeur, soit en usage, soit échangeable,
dont la propriété ou la jouissance reconnue par la nation était protégée par elle
contre le vol et la violence.

Les diverses lois relatives aux contributions publiques promulguées à cette
époque reflètent les fortes idées et les
sentiments généreux de la nation, lesquels tendaient sans embage à l'abolition
de toute distinction de rang, d'honneur

et de prérogative quelconque. On retrouve les traces de cette sublime pensée, même dans la règlementation des moindres choses civiles, provoquées par les départements ou par les communes.

C'est la preuve la plus certaine que les notions de droit, de devoir et de dignité personnelle avaient profondément pénétré dans les esprits. On doit aussi en tirer la conclusion que la nouvelle assiette de l'impôt était comprise et appliquée comme elle devait l'être. Suffisamment mûre pour se régir, la France acceptait d'enthousiasme tout ce qui était sagement fait dans l'intérêt général.

Toutefois, la lecture des séances de l'Assemblée Nationale donne assez à connaître que ses membres n'étaient pas toujours d'accord sur les moyens à prendre pour atteindre les facultés pécuniaires des citoyens, c'est-à-dire ce que chacun gagnait ou possédait. On ne se dissimulait point, d'ailleurs, qu'il serait, plus tard, peut-être possible de faire mieux, principalement en ce qui concerne la répartition régulière de l'impôt Mais quand au système lui-même, pris dans son ensemble, on ne se doutait guère, à part quelques erreurs inséparables de toute œuvre humaine, qu'il était bâti comme sur le roc.

Daus un travail aussi complet de réorganisation sociale, il fallait pourvoir au plus pressé. L'avenir arrivait vite dans ce temps-là. Voilà d'où vient cette précipitation qui, par exemple, en matière de relations commerciales avec les autres peuples, fit établir un tarif des droits d'importation qualifié maintenant de défectueux. Certaines erreurs économiques prises pendant longtemps pour des vérités, sont venues du mauvais point de vue où l'on se plaçait alors. Ces fausses doctrines ne sont pas entièrement dissipées : les préjugés sont encore très nombreux. Pourtant, dit l'historien de l'économie politique, s'il y eût une époque éminemment favorable pour essayer la liberté illimitée des échanges, sans aucune crainte de désapprobation, c'était assurément lors de la Révolution française.

Puisque celle-ci avait proclamé le libre-échange intérieur, en assujettissant tous les produits à un même droit fiscal, elle devait aussi, pour être logique avec elle-même, décréter le libre-échange avec l'extérieur, en assimilant les produits étrangers aux produits nationaux. Il est regrettable que les questions économiques n'aient pas été comprises, à cette époque, comme elles le sont aujourd'hui. Notre dernière lutte avec l'Angleterre, tout à la fois sanglante et ruineuse pour les deux pays, n'aurait probablement pas eu lieu, ou du moins n'aurait pas duré si longtemps; car on aurait fini par s'entendre. Les anglais, il est vrai, ne comprenaient guère ces questions mieux que nous. Au point de vue économique, on se battait dans les ténèbres.

Quoiqu'il en soit, les complications à jamais regrettables survenues entre les deux nations ont produit un désir de vivre en paix qui repose maintenant sur une communauté d'intérêts généraux cimentée de plus en plus par le progrès. Lorsque les points noirs ont failli se montrer à l'horizon politique, la France a montré une sagesse admirable pour les empêcher de grossir. Ce ne sera jamais elle qui proposera les moyens capables d'arrêter le développement industriel, maritime et colonial d'un autre peuple.

C'est pour satisfaire d'impérieux besoins budgétaires réclamés par les diverses branches de la production qu'on établit au commencement du XIXe siècle, un droit sur les boissons offrant une grande analogie avec celui connu, pendant l'ancien régime, sous le nom d'impôt des aides. Ce mode de taxes a beaucoup été dénigré. Il n'a rencontré des accusateurs que parmi ceux qui ne savent pas ou ne veulent pas le comprendre. Pour reconnaître la légitimité de cette contribution et l'obligation d'y avoir recours, il est nécessaire de se rendre compte du manque presque absolu des ressources où se trouvait la France lorsque cet impôt fût de nouveau créé.

Mais pour atteindre le but que nous nous proposons, il faut prendre les choses d'un peu haut et remonter à quatre-vingts ans. A cette époque, la France était enfin sortie des plus rudes épreuves qu'un peuple libre et civilisé ait ou à subir. La tempête révolutionnaire, pour enlever des institutions sociales tout ce qu'elles contenaient de mauvais, avait dû faire souffrir les plus grands maux à la nation. En effet, pendant la tourmente qui dura de 1791 jusqu'à 1800 beaucoup de départements souffrirent des horreurs de la guerre civile et de la guerre étrangère; l'émigration emporta presque tout le numéraire ; les transactions avec les

autres peuples n'existaient presque plus ;
nous avions à peu près perdu toutes nos
colonies ; quand à celles qui nous res-
taient, les communications avec elles
étaient devenues très difficiles, et des
rares navires chargés pour ces expéditions lointaines, quelques-uns seulement
arrivaient à destination, l'ennemi cap-
turait les autres. Les bâtiments assez
heureux pour faire un voyage d'aller et
de retour, ne pouvaient donc l'accomplir
qu'en trompant d'une manière habile la
vigilance des croisières anglaises, ce qui
faisait monter à un prix énorme les
denrées produites par les pays d'Outre-
Mer.

Pourtant lorsque l'ordre de choses qui
existe encore de nos jours fut établi et
consolidé par la paix intérieure, et bien
que les expéditions maritimes fussent
impraticables comme précédemment, on
constatait deux faits d'une importance
considérable : la population et les richesses de la France avaient beaucoup
augmenté, en prenant pour terme de
comparaison l'état du pays antérieure-
ment à la période révolutionnaire ; en
outre, depuis la disparition de l'ancien
ordre de choses, des besoins de toute
nature étaient à satisfaire, la vie se

montrait partout. Il fallait principalement
améliorer l'état des routes et des canaux,
si l'on voulait voir la production nationale continuer à suivre le mouvement
ascensionnel qu'elle avait perdu depuis le
ministère de Colbert.

L'état prospère de la France, à cette
époque, s'expliquera lui-même, si l'on
veut bien considérer qu'avant 1789, la
majeure partie des richesses industrielles
et agricoles appartenaient à cette classe
de la nation qui, ne sachant rien produire,
ne vivait plus qu'à l'ombre des délices de
Versailles. La noblesse d'alors employait
en dépenses inutiles, et uniquement pour
son propre plaisir, des revenus ayant passé
depuis lors, par la force des choses, entre
les mains d'une autre classe plus habile,
plus prévoyante. Celle-ci se livrait au
travail reproductif avec une ardeur devenue entièrement égale au courage déployé
par elle sur les divers champs de bataille.

Le commerce de ce temps-là, comme
celui d'à présent, réclamait des faveurs ;
l'industrie, des encouragements, et pour
que l'agriculture pût donner un revenu
plus considérable, il fallait pourvoir le
service des travaux publics de tout ce

dont il avait besoin. Les améliorations demandées par la population agricole ne pouvaient être ajournées, il fallait que les habitants des petites communes pussent facilement communiquer entre eux et n'éprouver aucune lenteur pour le transport et l'échange de leurs denrées.

Mais avec les impôts établis, on ne pouvait suffire à toutes ces nombreuses dépenses. L'impôt direct, l'Enregistrement et les Douanes étaient insuffisants pour parer aux besoins du Trésor, il fallut s'adresser à un produit dont l'échange constituait une des fortes branches de la production nationale. On pensa donc à imposer le vin, ses dérivés et ses analogues. On prévoyait que, par suite de son contre-coup, cette contribution allait atteindre directement la classe aisée.

Toutefois, en rétablissant cette taxe, on lui enleva le caractère vexatoire et d'espionnage formant un des principaux griefs formulés contre elles, et qui l'avaient toujours fait considérer comme insupportable. Au reste, tout le monde ne jugeait pas le rétablissement de l'impôt indirect comme ne pouvant se faire. Ce qu'on désirait le plus, c'était de ne pas le voir aussi lourd que par le passé.

L'obligation de rétablir la contribution sur les boissons ne provenait pas seulement d'une saine application des principes financiers, elle était, en outre, le résultat d'une compréhension très intelligente. On avait acquis la certitude que l'assiette de ce revenu public ne le cédait à aucune autre par son équité. L'impôt indirect était reconnu comme identique aux lois générales de la répartition des charges publiques.

Examinons maintenant si, depuis l'Assemblée constituante et les gouvernements qui lui ont succédé, on a pu faire que chacun paie à l'Etat ce qu'il doit réellement lui donner. Voici ce qu'écrivait à ce sujet le comte de Chabrol, plus de vingt ans après la proclamation des principes de 1789 : « La solution du problème de la péréquation ou égalité des charges publiques, est encore à trouver. »

Il faudrait donc en conclure qu'il ne nous a pas été possible de faire mieux que nos devanciers. Cela est vrai de tous points, et, quoi qu'on dise, c'est une vérité qu'il faut savoir avouer ; car depuis la fin du siècle dernier jusqu'à l'époque où nous vivons, s'il faut en croire ceux qui se sont sérieusement occupés de la matière, le problème est insoluble comme celui de la quadrature du cercle.

De même que l'idéal est impossible à atteindre dans les arts et qu'il recule sans cesse à mesure qu'on en approche, de même en matière de finances, on fait tous les efforts possibles pour le saisir, en imposant chacun pour ce qu'il doit donner, sans parvenir d'une manière certaine à ce but si désirable. Dans la question actuelle, l'idéal ou la perfection de l'assiette et de la répartition des contributions c'est le spiritualisme dans l'impôt ; car la science financière, qui est aussi une science morale, a, comme ses sœurs, son spiritualisme et son matérialisme.

Toutefois, il faut le dire à l'honneur des administrations fiscales de notre temps, elles font les efforts les plus louables pour équilibrer l'impôt, et s'il n'est pas toujours réparti comme il devrait l'être, la faute n'est imputable ni aux agents de la perception des deniers publics, ni aux institutions. L'équation irréprochable de l'impôt ne peut se rencontrer que dans la république de Salente. Nos institutions ont posé le principe proportionnel et les employés chargés de l'appliquer y procèdent avec l'équité et la précision dont la justice des hommes est capable. Les inégalités rencontrées dans la taxation proviennent surtout du déplacement sans répit des valeurs, des capitaux et des fortunes, dont les mouvements d'augmentation et de diminution sont très souvent impossibles à suivre, par suite à constater, parce que chacun s'ingénie à les soustraire au point de vue du fisc.

Certainement, il peut arriver que quelques détails relatifs à la répartition laissent quelque chose à désirer. Ainsi, s'il fallait nous rendre plus compréhensible, nous dirions que l'application du principe d'une perception égalitaire peut se trouver dans la main d'un agent peu habile et peu entendu dans ses fonctions, lequel se servira de la loi d'une manière qui sera l'opposé de celle que le législateur a voulu dans le sens libéral ou restrictif. Mais cette façon de procéder n'est qu'un accident, une exception dont on ne saurait se prévaloir contre la règle. On ne criera pas contre un instrument si, bon en lui-même, il est dans les mains d'un ouvrier maladroit.

Voulant envisager la question sous tous ses aspects, nous disons que si l'unité de l'impôt n'était pas une absurdité ; si le bon sens et la raison la plus élémentaire ne démontraient pas qu'un impôt unique serait, pour nous servir de la formule consacrée, un impôt inique, on comprendrait la réduction des divers impôts en une seule contribution. Dès lors, la synthèse étant admise, on demanderait à chaque individu ce qui serait déterminé par sa position financière apparente.

Mais les dangers d'un impôt unique ne sont pas difficiles à prévoir. Faire peser sur le revenu ou le capital tout le poids des taxes publiques serait de la dernière oppression, laquelle ne tarderait pas à rencontrer une résisantce énergique dans la nature même des choses. Ce système serait aussi irrationnel que l'impôt unique de capitation, mis en avant par des idéologues du siècle dernier. Dans ce dernier cas, il faudrait répartir indifféremment ce qu'il faut chaque année aux divers besoins du budget, c'est-à-dire demander à chaque citoyen, sans exception, une somme égale, sans tenir compte de la différence des fortunes et des conditions.

Les théories fantastiques formulées

pour charger l'assiette des diverses contributions publiques proviennent , en
grande partie, de l'erreur profonde que
voici : on a cru à la possibilité de faire
subir à la science financière des changements analogues à ceux, par exemple, que
la physique a reçus; on a pensé également
que telles et telles idées fiscales vieillis-
saient et l'on s'est mis en quête pour avoir
du nouveau à proposer.

Ainsi, parce que la méthode expéri-
mentale est appliquée en économie politique, comme en physique, il y a des
publicistes qui ont conclu des conquêtes
rapides et merveilleuses de certaines
sciences aux transformations possibles
et rationnelles de la base de l'impôt
français. C'est se méprendre étrangement.
Certains réformateurs du temps sont allés
plus loin encore : ils n'ont pas hésité à
dénigrer les avantages du mode actuel de
l'impôt (la proportionnalité), pour lui en
substituer un autre (la progression). Or,
ce dernier mode, sorti de toutes pièces de
leur imagination, présenté avec les
formes les plus hétéroclites, ne repose sur
aucune règle et fait tout dépendre de
l'arbitraire.

Nous ne connaissons pas d'axiome

économique et financier qui ait plus que celui-ci un caractère libéral : Chacun doit l'impôt selon ses facultés, car il en profite selon ses besoins. Par les facultés, la science financière entend non-seulement les choses qui constituent la propriété matérielle comme la propriété immatérielle, mais encore les salaires et tous les bénéfices généralement quelconques réalisés sous la protection sociale, garantis par elle et à la coopération desquels elle concourt pour une part très importante.

Pour faire cesser des prétentions aussi absurdes que puériles, il faut ajouter à cet axiome la proposition suivante qui en est comme le corollaire indispensable: ne sauraient être dispensés de cette obligation éminemment sociale tous ceux que le suffrage universel appelle pour élire les représentants du pays. D'où il suit, il faut le redire encore, que nul n'est dispensé des charges publiques : chacun devant y concourir soit directement soit indirectement. On ne saurait admettre, en effet, que des citoyens fissent usage de leurs droits électoraux, tout en ne donnant pas une obole pour faire vivre et prospérer le corps social.

La richesse n'est pas concentrée dans

quelques mains. Elle est, au contraire, répartie d'une manière inégale, c'est hors de doute ; mais répartie, enfin, chez tous ceux qui produisent, quelque soit le degré occupé par eux dans l'échelle des fortunes. Un pareil état de choses explique, on ne peut mieux, pourquoi il y a des citoyens que toutes les contributions atteignent fortement et d'autres personnes qui ne donnent qu'une somme relativement sans importance.

Au moyen du système actuel de l'impôt direct et de l'impôt indirect, on est parvenu à faire payer tout le monde. Celui qui achète le plus de toutes choses, paye le plus à l'Etat.

La suppression de certaines contributions a été demandée pour faire valoir l'opportunité d'une réforme financière. On a eu à cœur d'acquérir une certaine popularité, cela est vrai, mais on n'a pas fait preuve de science. Le but qu'on se proposait d'atteindre, et auquel il est déraisonnable de vouloir arriver, c'était l'exonération de toute charge fiscale en faveur de certaines classes de la population. En admettant ici la possibilité de cette prétention extraordinaire, il faut convenir qu'on ne s'attendait pas à voir la réforme tant prônée aller se heurter contre le principe dominant des institutions nouvelles, c'est-à-dire contre le suffrage universel. Prouver cette assertion, serait assurément plus long que difficile.

Vouloir des électeurs dispensés de toute taxe publique, même indirecte, c'est établir, autant que cela se peut, l'inégalité devant la loi fiscale qui, absolument parlant, n'en doit point connaître ; c'est désirer l'avènement d'une féodalité nouvelle et singulière, plus funeste à tous les intérêts sociaux que l'aristocratie balayée par le vent de l'égalité à la fin du dix-huitième siècle. Si l'exemption combattue ici pouvait se réaliser, on verrait alors des députés, des conseillers généraux, des conseillers d'arrondissement, des conseillers municipaux élus d'une manière bien étrange.

Il y aurait, en outre, ceci d'anormal dans cette représentation graduée des intérêts généraux du pays : les membres de ces diverses assemblées ayant été élus par des électeurs jouissant du privilège de ne pas payer d'impôt, contrôleraient des recettes budgétaires qui n'auraient pas été formées avec des sommes tirées de la bourse de leurs commettants. Pour la vérification des dépenses, les choses ne se passeraient pas d'une manière moins burlesque : la critique des délégués s'exercerait sur la destination donnée à des sommes ne provenant pas de ceux qui leur aurait donné mission d'en surveiller l'emploi.

L'objection ci-après peut être faite à ce raisonnement : C'est que, rejeté dans le prix des choses, l'impôt, en définitive, se répartit parmi toutes les marchandises pour faire partie intégrante de leur valeur. Dès lors, peu importerait la personne à laquelle il est demandé directement, puisque celui qui en fait l'avance s'en récupère sur l'acheteur. Toutes les taxes, dit-on à ce sujet, ne finissent-elles point par se transformer en taxes de consommation ?

Ce raisonnement n'a qu'une apparence de vérité. L'impôt, il est vrai, se répercute d'une manière infinie et prend place tôt ou tard dans le prix de chaque objet; par suite, il se trouve supporté par tout le monde. De cette manière, il semble indifférent de le voir revêtir telle forme ou telle autre, frapper telle valeur à l'exclusion de telle autre. L'essentiel, dira-t-on, c'est que l'Etat retrouve ce qui lui est annuellement nécessaire pour les besoins généraux du pays.

Mais dans la question présente il faut se garder de l'exagération, savoir distinguer et ne pas tomber dans l'utopie. En matière de finances, on ne connaît pas d'hérésie plus funeste que la prétention injuste de faire porter sur quelques va_leurs tout le poids des contributions.

Les phénomènes économiques, étudiés sans esprit de système, enseignent que les perceptions les plus variées sont les plus fécondes. Elles ne gênent point la production ni la consommation, tout en prenant les formes les plus appropriées à la fortune de chaque redevable. Dans son magnifique langage, l'historien de la Révolution française, du Consulat et de l'Empire dit à ce sujet : « On a reconnu, » en fait de gymnastique, qu'un homme » qui serait accablé sous un poids réuni » en un seul volume, le porte aisément » s'il est réparti sur tout son corps. La » même observation est applicable à l'im-» pôt. »

Un des plus grand remueurs d'idées du dix-neuvième siècle, Proudhon, qu'on n'accusera certes pas d'avoir beaucoup aimé les vues sociales de M. Thiers, s'exprime cependant de la même manière que lui, à propos de la diversité des charges publiques.

« L'unité de l'impôt est de pure théorie.
» Elle consiste en ce fait, tant de fois
» exprimé, que tout impôt se prélève en
» définitive, sur le produit et que les
» différentes formes qu'il affecte ne sont
» que les différentes manières dont le fisc
» se procure sa prébende. La société est
» la déesse aux grandes et nombreuses
» mamelles, qui nourrit de son lait, non
» pas seulement l'Etat, mais tous les
» citoyens. Regardez comment ceux-ci
» se comportent. S'adressent-ils à un
» seul et unique mamelon ? Non : par la
» voie de l'échange ils vont pomper tour-
» à-tour leur substance dans les diverses
» catégories de la production. A l'un ils
» demandent du blé, à l'autre de la
» viande ; à celui-ci du crédit, à celui-là
» l'habitation ; à cet autre de la science,
» etc., et paient chacun en argent.

» Ainsi fait, à sa manière, l'Etat de-

» mandant son salaire à qui peut le
» payer, frappant la richesse là où il la
» trouve, aspirant la substance, qui le
» nourrit, chez toutes les classes de la
» nation, parce qu'en effet cette subs-
» tance se trouve, non pas recueillie
» comme un vaste réservoir, mais répan-
» due et disséminée à l'infini dans les
» tubes capillaires du corps social. »

Les contributions directes, l'enregistrement, la douane et les contributions
indirectes sont les quatre colonnes aux
magnifiques proportions constituant la
beauté de notre système financier. On y
trouve la variété dans l'unité. Ces deux
éléments aussi contraires l'un à l'autre
que nécessaires dans tout ce qui est bien,
n'ont pas fait défaut dans la construction
de l'édifice fiscal de la France.

CHAPITRE III

Du droit fixe sur les marchandises étrangères

La justice distributive est le premier devoir des législateurs, l'âme et la loi des sociétés.

(De Forbonnais).

Après avoir établi la nécessité de l'impôt, la raison d'être des principales taxes publiques, et la part que chacun doit y prendre, nous allons rentrer d'une manière intime dans le cadre de notre sujet. Il s'agit de savoir maintenant si la taxe établie sur les produits venant du dehors est en opposition avec la justice qui doit présider aux échanges internationaux. Sous le rapport fiscal, nous passons de la psychologie à la logique.

Les taxes d'importation, telles qu'elles sont aujourd'hui établies, comprennent deux droits : le droit fixe ou fiscal et le droit protecteur. Le premier représente l'impôt que les valeurs échangées doivent à l'Etat, toute proportion gardée entre elles ; le second a pour but de mettre le

producteur national à l'abri de la concurrence étrangère.

Le droit fixe et le droit protecteur n'ont
pas une commune origine. Le droit fixe
est contemporain de la formation des
sociétés humaines ; le droit protecteur,
avec son congénère le système prohibitif,
date du moyen-âge. Venise inventa ces deux
derniers et s'en servit pour exclure de la
Méditerranée le commerce des Pisans et
des Génois. Charles-Quint vint ensuite
donner à ces diverses formes de monopole
le caractère qu'elles gardent encore de
nos jours.

Pour se rendre compte de l'équité du
droit fixe, il convient d'examiner d'abord
ce qu'une taxe unique sur les marchandises contient de bon en soi, lorsqu'elle
est modérée. Nous apprécierons ensuite
ce qu'il y a de mauvais dans la taxe de
compensation comprise à la manière du
système restrictif. La première de ces
questions fera l'objet de ce chapitre ; la
seconde sera traitée dans le chapitre
suivant.

L'impôt sur les produits étrangers est
envisagé sous deux aspects : l'un, comme
on va le voir, est entièrement l'opposé de
l'autre. Voici la physionomie que ses
ennemis lui prêtent : empêchement des

échanges que les nations sont naturellement portées à faire entre elles ; élévation
exagérée du prix de tout ce dont les
autres peuples disposent ; encouragement
à l'esprit de fraude, qui est un des agents
les plus actifs de la démoralisation publique ; principe de ruine, de désordre,
de haine et dont la cause finale est de
tout pervertir : idées et institutions ; droit
abusif prélevé sur les marchandises que
la classe nécessiteuse consomme le plus ;
cause principale, en premier lieu, des
misères qui affligent l'humanité ; en
second lieu, de la difficulté de la vie ;
prétention ridicule de vouloir protéger le
travail de tout le monde ; barrière mise
au développement de la consommation
générale ; restriction apportée, pour le
profit de quelques-uns, à l'essor de la
production. Le portrait n'est pas flatté.
On ne devait pas s'attendre à ce qu'il le
fut. Ce sont des abolitionnistes qui l'ont
tracé.

Le droit moderne donne au droit d'importation la définition suivante. Emu-
lation salutaire entre tous les peuples qui
ont le travail en honneur ; continuation
du progrès matériel et moral ; multiplication des richesses, faculté de recevoir
de l'étranger n'importe quelle marchan-

dise ; la misère prévenue aussi efficace-
ment que la disette et la famine l'ont été
par la loi sur la liberté du commerce des
grains ; disparition de l'arbitraire, en
matière d'échanges parmi les peuples ;
égalité complète de toutes les industries
nationales et étrangères devant la loi
fiscale.

Entre la première et la seconde exposi-
tion, il existe la même différence qu'entre
la vérité de l'erreur. La première définition représente les droits d'importation
comme les a faits le système restrictif,
lequel, dit Bastiat, s'est enté sur la
douane et s'en est fait un instrument ;
la seconde, au contraire, renferme tout
ce que la science économique et financière contient de plus réel et de plus
vital.

On ne saurait le dissimuler, actuelle-
ment les droits d'importation sont d'une
embarassante hétérogénéité. Dans le
tarif relatif à ces droits, on trouve depuis
la protection la plus exagérée jusqu'au
libre-échange à outrance. Il ne faut donc
pas s'étonner si cet impôt est sans cesse
l'objet de vives attaques. Au point de
vue de l'égalité, les reproches qui lui ont
été adressés ont eu déjà plusieurs fâcheux
résultats. Cet état de choses est un

témoignage irrécusable qu'il y a beaucoup à faire pour établir les diverses taxes telles qu'elles devraient être.

En matière de contribution publique, le juste et l'habile doivent être identiques. Ces deux qualités consistent dans une sage pondération de ce qui est exigible sur la matière imposable. Ainsi, selon certains esprits, dominés par les préjugés du temps, il y aurait des marchandises étrangères devant acquitter l'impôt et d'autres appelées à jouir de ce que l'exemption procure d'agréable et de commode. Cette distinction est formulée de la manière suivante. L'impôt doit atteindre les produits dont l'arrivée sur le marché n'a pas besoin d'être encouragée, mais il faut protéger par l'immunité des droits, la mise en œuvre des marchandises étrangères connues sous le nom de matières premières.

Ce principe n'est pas nouveau, il date de Colbert. Comme tous les règlements sur la restriction commerciale faits par ce sage ministre, le principe en question avait puissamment sa raison d'être au dix-septième siècle. Il l'a perdue depuis: d'abord parce que c'était un essai dont la durée devait être très limitée, de l'aveu même de son auteur ; ensuite parce qu'avec le temps cette immunité devait nécessairement se transformer en sophisme économique. Si l'on cachait autrefois les statues des dieux, ce n'a jamais été un motif pour faire tomber, lorsque le moment serait venu, le voile posé sur la liberté et sur l'égalité.

Certains membres de l'Assemblée constituante émirent des avis identiques à la manière de voir formulée et mise en action par Colbert. Il est nécessaire, disait-on alors, de ménager les droits à l'entrée des matières premières, car tout impôt qui pèse trop sur notre industrie devient impolitique. Aussi, la partie des droits relatifs à l'exportation en général et à l'importation des matières nécessaires à nos manufactures doit-elle être très ménagée.

Dans ce qui précède, il y a de l'ivraie et du bon grain.

Pour reconnaître si l'exemption dont nous nous occupons contient quelque chose d'excellent en elle-même, il n'y a qu'à faire appel à la bonne foi. Peut-on trouver dans le commerce une matière n'ayant pas reçu, après l'échange, une valeur supérieure à celle qui lui était attribuée avant son passage dans la seconde main ? Existe-t-il des matières premières dans le sens propre du mot, c'est-à-dire des marchandises, denrées, où l'homme n'ait point mis la main et qui soient vendues ? Le minerai, la houille, le fer, etc., ont-ils la même valeur avant comme après leur extraction ?

La différence qu'on cherche à établir entre les matières soi-disant premières et celles réputées ne l'être pas, serait acceptable si les unes rapportaient un bénéfice au moment du troc, et les autres n'en donnaient point. Or, chacun sait que le mot échange implique profit. On ne troque pas, en temps ordinaire, marchandise contre marchandise, s'il n'est pas reconnu que les deux choses échangées donneront un gain quelconque. C'est tellement simple, que toute autre démonstration deviendrait inutile.

Par suite, soit que l'on raisonne au point de vue de la production et de l'industrie du pays qui reçoit, soit que l'on se place à celui de la consommation proprement dite et du travail de ce même pays, il ne paraîtra jamais juste que les produits étrangers, connus sous le nom de matières premières, jouissent des douceurs de la remise de ce qui est dû par eux aux contributions publiques, alors

surtout que les matières premières nationales paient l'impôt.

Voici un fait qui prouvera, plus sensiblement encore, la vérité de notre
assertion. Une contribution spéciale est
assise sur les mines, indépendamment
du terrain occupé pour leur exploitation.
Cette contribution se divise en redevance
fixe et en redevance proportionnelle. La
redevance fixe est de 10 fr. par kilomètre
carré de superficie comprise dans le
périmètre de la concession. La redevance
proportionnelle est ordinairement du
vingtième du produit net de l'exploitation
calculée d'après la totalité des produits
extraits. A l'exception de la houille
étrangère acquittant le léger droit d'importation de 0 fr. 12 par 100 kil., malgré
les radicaux du libre-échange, que paient
les produits des mines du dehors à leur
introduction en France ? Pour eux, il y
a immunité complète.

L'idée de privilégier les matières premières étrangères et de taxer les matières
premières nationales n'a pu naître et
prendre du développement que par la
méthode défectueuse de comprendre les
saines doctrines égalitaires, lesquelles,
considérées sous leur véritable jour,
résument l'expression des rapports cons-

tants qui existent entre toutes les choses ayant un prix commercial. Cette exonération constitue la véritable prime à l'importation, car elle procure à quelques industriels le moyen de spéculer aux dépens des autres.

Le principe naturel de l'impôt, c'est de payer en proportion de la valeur possédée, acquise ou produite. Exemple : Jean réalisant pour 10,000 fr. de produits agricoles du pays ; Paul, pour 10,000 fr. de produits manufacturés du même pays, paient chacun 100 fr. d'impôt. A côté d'eux se trouvent Pierre et Jacques qui font venir de l'étranger l'un pour 10,000 fr. de produits agricoles, l'autre pour 10,000 fr de produits manufacturés. Ne doit-on rien exiger de ceux-ci ? A moins qu'on ait perdu toute notion du sens commun, n'est-il pas évident que ces deux derniers doivent payer à l'Etat une somme exactement semblable à celle que les deux premiers ont donnée ? Que faire payer plus à Pierre et à Jacques sous le prétexte qu'ils font concurrence à Jean et à Paul (producteurs de marchandises nationales) serait une injustice tout aussi criante que de ne rien demander à Pierre et à Jacques sous le prétexte qu'il faut encourager le commerce de ces derniers avec l'étranger ?

Nous voici en présence de deux monopoles cherchant à s'annihiler. C'est la protection insatiable et le libre-échange étendu au-delà de ses limites naturelles, voulant s'exclure au moyen de prérogatives. Les privilèges renferment de si grands avantages que tout le monde en désire. Pour les protectionnistes, les prérogatives devraient durer éternellement ; pour ceux qui sont libre-échangistes, à leur façon, la faveur doit excéder ce que l'équité ne voudra jamais, parce qu'il y a des questions d'intérêt général, des questions de principe et de morale qui ne peuvent être foulées aux pieds aussi cavalièrement qu'on paraît le croire.

Ici, par conséquent, la raison commande qu'en retour des avantages accordés aux produits étrangers, il leur soit imposé certaines charges fiscales analogues à celles grevant les produits régnicoles. Il ne saurait en être autrement, car il est plus facile de dire que telles et telles marchandises doivent être exemptés d'impôts, que de démontrer pourquoi elles doivent jouir de toute immunité. On ne saurait combattre notre raisonnement en prenant pour appui

certains faits de statistique commerciale.
Nous répondrions qu'il faut considérer
les phénomènes économiques sous leur
aspect réel et que les présenter, comme
on voudrait qu'ils fussent aperçus, est une
manière ingénieuse de les juger qui ne
fait pas toujours des dupes.

L'immunité réclamée sur les produits
venant du dehors est plutôt inspirée par
des convenances personnelles que pour
satisfaire à quelque grand principe économique. Sauf quelques légères variantes,
la principale raison invoquée s'énonce
presque toujours de la manière qui suit :
la richesse ne peut être augmentée que
par l'enlèvement de toutes les entraves
gênant le travailleur. Il faut donner la
plus grande extension possible aux relations internationales. Une exemption de
toute taxe sur les produits du dehors est
la seule mesure à prendre actuellement
pour arriver à ce desideratum.

Les autres motifs ont à peu près cette
même forme axiomatique. Tels sont
ceux, par exemple, qui, dans un congrès
tenu à Amsterdam, ont été formulés par
M. Corr Van der Mearen, le premier des
membres de l'association internationale
pour supprimer les droits d'importation.
Après avoir parlé du but qu'il fallait

atteindre, le président a résumé sa pensée en ces termes : « Quant à nous,
» Messieurs, nous avons foi en l'œuvre
» dont nous poursuivons l'accomplisse-
» ment, parce qu'elle est basée sur la
» justice, parce qu'elle a pour objet
» l'émancipation du travail, la fraternité
» des peuples et le partage entre eux
» des biens que la divine Providence a
» destiné à l'usage de tous. »

L'auteur du compte-rendu de cette
séance ajoute qu'il joint ses applaudisse-
ments à ceux que la section a accordé
au beau discours de l'honorable orateur,
car il est toujours méritoire d'avoir pour
but la justice, la fraternité des peuples
et les autres excellentes choses qu'on
vient de lire dans la péroraison de M.
Corr Van der Mearen. Mais il avoue ne
pas comprendre quelle contradiction il y
a entre la justice, etc., etc. et le droit
fiscal maintenu à un taux raisonnable.

Jusqu'à présent les principes des abolitionnistes n'ont prévalu qu'en faveur de
certaines marchandises qui, venues du
dehors, à l'état brut, reçoivent à l'intérieur un complément de main-d'œuvre
ou une transformation et doivent être
réexportées ensuite. En quelque façon,
c'est la première étape de la réforme

financière tant prônée et dont on parle depuis si longtemps. Le dernier terme de cette réforme consisterait dans l'exonération complète d'impôt de tous les objets ayant reçu à l'étranger plusieurs couches additionnelles de main-d'œuvre.

En économie sociale, il ne faut pas aller d'un extrême à l'autre. Procéder de la sorte, c'est quelque peu le caractère de notre époque. Il est bien rare, en effet, que nous sachions nous tenir dans les bornes du juste milieu. Après avoir été injustes, jusqu'à présent, à l'égard de la production étrangère, en prohibant certains de ses articles, et en appliquant à certains autres des droits presque prohibitifs, on se jetterait dans l'excès opposé. Les portes du marché national leur seraient ouvertes sans condition.

La croisade entreprise par les intéressés à la disparition absolue des droits d'importation peut se résumer en quelques mots : ne pas s'inquiéter de ce que paient les produits nationaux, mais affranchir les marchandises étrangères de toute taxe envers le trésor public. Comme on le voit, c'est de la protection faite à rebours. Au lieu d'être établi en faveur de la production nationale, le système prendrait une autre forme et fonctionnerait à l'avantage du producteur étranger.

Nous serions donc encore en plein privilège. Mais alors, monopole pour monopole, mieux vaudrait ne rien changer à la législation fiscale et ne pas cesser d'avantager les siens. Le vrai libre-échange affirme que « le monopole a deux faces comme Janus. Le côté économique a des traits incertains ; il faut être du métier pour en discerner la laideur. Mais du côté moral, on ne peut pas s'y tromper, et il suffit d'y jeter les yeux pour le prendre en horreur.

L'époque actuelle a malheureusement l'habitude de mesurer la valeur des réformes économiques à la grandeur des changements opérés. S'il est vrai que toutes les industries soient intéressées à se procurer, avec abondance et au plus bas prix possible, ce qui leur est nécessaire, il n'en est pas moins vrai, aussi, que les droits d'importation, établis dans un but purement fiscal, ne sauraient, tout en procurant des revenus à l'Etat, constituer une taxe mal à propos levée au détriment des consommateurs. La liberté des échanges n'est pour rien au cas présent. Dans la question actuelle, c'est l'intérêt du trésor public qu'il faut

défendre contre des convoitises parti-
culières, ou plutôt l'intérêt de tous contre
l'égoïsme et l'avidité de quelques-uns.

Les efforts prodigieux accomplis afin
de parvenir à présenter l'immunité de
toute taxe comme une chose très juste et
très rationnelle ne nous étonnent guère ;
mais on est étrangement surpris de rencontrer des apologistes de ce système,
tellement il est vrai qu'en fait d'idées
générales sur le négoce le XIXᵉ siècle n'a
pas encore dépassé la nation du privilège
et que, de nos jours encore, les idées
fausses, en matière commerciale comme
en matière d'impôt, n'ont rien perdu de
leur empire.

La principale des objections mises en
avant par les abolitionnistes, c'est que
le droit d'importation a toujours été un
obstacle apporté aux échanges internationaux par la manière dont les diverses
quotités de droit ont été conçues et appliquées. Examinons cette raison sommai-
rement. Au lieu d'y trouver quelque motif
sérieux peut-être n'y découvrirons-nous
qu'un prétexte. Toute réforme économique, dit-on, doit se traduire en chiffres,
et quand il s'agit d'en essayer une, il faut
savoir ce que valent celles déjà faites et
celles qui sont projetées.

Pour tout esprit observateur, il est hors de doute qu'un droit modéré sur la production étrangère ne gênerait pas plus le commerce extérieur que l'impôt des patentes ne porte atteinte au commerce intérieur. Celui de circulation sur les vins nuit-il au transport des boissons ? l'impôt des portes et fenêtres empêche-t-il la construction des maisons et le nombre d'ouvertures qu'on veut donner à n'importe quel édifice pour qu'il reçoive le jour dans son intérieur ? l'impôt mobilier fait-il obstacle à la profession de l'ébéuiste et aux autres métiers ayant pour objet le luxe et l'ornementation de nos appartements ? Enfin l'impôt de la cote personnelle nuit-il à la reproduction de l'espèce humaine et à la durée de sa vie ? l'existence nous est-elle rendue onéreuse parce que le paiement de cette dernière tax⌐ ne cesse qu'à la mort ?

Certes, nous professons le principe qu'il ne faut point considérer l'impôt comme écrasant tous les objets utiles sous le poids d'une insupportable fiscalité. Mais pour se convaincre que les récriminations dont il s'agit ne viennent pas de l'appréciation équitable des idées économiques et financières, il ne sera pas nécessaire d'aller en chercher la preuve bien loin. Prenons quelques articles d'alimentation publique.

Si l'on ouvre le tarif français, on trouve à la première page du tableau des droits, qu'on paye 25 francs pour l'introduction d'un bœuf étranger et pour un veau 4 fr. Que l'on calcule ce que chacun de ces animaux pèse en moyenne et l'on verra si l'abolition de l'impôt influerait sur le prix de la viande de boucherie vendue au détail. La suppression de cette taxe ne mettrait donc pas une obole de plus dans la bourse du petit consommateur ; car cette classe, qui est la plus considérable et la plus intéressante, n'achète de tout ce dont elle a besoin que par petites quantités. Cela prouve, il faut le dire, que toute contribution n'est réellement modéré que lorsqu'elle ne nuit ni à la production ni à la consommation.

Faire contribuer, aux dépenses publiques, toutes les valeurs qui ne sont pas produites dans le pays où elles sont consommées n'est point une idée chimérique à laquelle le hasard ait donné le jour. Au contraire, on y reconnaît la conception la plus juste et la plus féconde de la science financière ; car ce principe est issu de l'union du bon sens et de l'observation judicieuse des phénomènes économiques. Après avoir rigoureusement démontré que l'impôt doit atteindre tous les objets et qu'il est la représentation exacte du travail de la protection sociale, un illustre publiciste contemporain ajoute ceci à l'appui de son argumentation : Si l'on pouvait soumettre tous les objets dont l'homme se nourrit, se vêtit, se pare, se délecte l'âme et le corps, à une analyse morale aussi complète que l'est une analyse chimique, on retrouverait dans leur valeur vénale, des portions plus ou moins considérables de chaque impôt et on les y trouverait en parcelles infiniment divisées.

Ainsi, décomposés par la pensée, si la chose était possible, les produits français accuseraient donc tout ce qu'ils supportent des diverses charges publiques. Mais que donnerait, dans cette hypothèse, l'analyse des marchandises étrangères indemnes, au moment où elles passent la frontière pour être placées sur le marché à côté des marchandises nationales ? A coup sûr l'analyse donnerait un résultat négatif. On y chercherait vainement la plus mince partie de la taxe similaire ou analogue supportée par les produits nationaux, puisque ce qu'on aurait dû trouver dans les produits apportés de l'extérieur en aurait été enlevé.

Ne l'oublions pas, le droit moderne exige la similitude de traitement pour toutes les industries comme pour tous les objets, quel que soit le pays qui donne ces derniers. Ce droit veut aussi que le tarif contenant les diverses taxes exigibles n'ait pas de physionomie mobile. On ne doit pas y trouver des privilégiés et des imposés. Ah ! si les marchandises étrangères ne pouvaient venir qu'à la condition de recevoir une prime, on comprendrait la franchise sur le marché, puisque l'immunité c'est la prime déguisée ; mais il n'en va point ainsi : pour favoriser les échanges il faut unir le régime de la liberté à celui de l'égalité.

Parce qu'il est équitable de taxer toutes les marchandises étrangères, faudrait-il en conclure des frais énormes de perception ? Evidemment non. Quand elle a le raisonnable pour limite, toute taxe est facile à percevoir, et par suite peu coûteuse pour l'Etat. Le contribuable ne recourt jamais à la fraude : 1° lorsqu'elle présente le gain sans grande importance avec les peines pécuniaires encourues par lui si sa mauvaise foi est reconnue ; 2° lorsqu'il existe une sage proportion entre

la valeur de la marchandise et la somme
à donner au trésor. La fraude sur beaucoup de produits a cessé le jour même
où la prohibition et des droits énormes
ont été remplacés par des taxes égales ou
inférieures à celles que les assureurs du
commerce interlope se faisaient payer
pour faire traverser à la marchandise
étrangère soit le rayon de la frontière,
soit la partie du littoral surveillé par les
agents du fisc.

Le débat égalitaire dont nous sommes
les témoins montre à l'observateur im-
partial de très curieux enseignements.
L'abolition des deux taxes sur les produits venant de l'extérieur n'est pas
demandée par le consommateur, elle
n'est sollicitée à grands cris que par
l'industrie des transports, par ceux qui
donnent une certaine main-d'œuvre à
quelques articles étrangers et par ceux
qui vivent du commerce proprement dit.
Le travail de ces derniers chacun le
connaît : il consiste à offrir au consommateur les objets tels qu'ils sortent de la
main du producteur. A cette industrie,
comme à celle des transports il ne faut
qu'importation et exportation. On con-
viendra que ces deux catégories d'inter-

médiaires sont, à bon droit, quelque peu suspectes dans la question.

On ne peut nier que les divers genres d'occupation ne soient intéressés à se procurer avec abondance et au plus bas prix possible, les matières étrangères qu'ils emploient ; mais au point où le débat est arrivé, conclure à l'exemption de toute contribution publique, c'est dépasser les bornes de la justice.

Pris dans son sens absolu, le libre-échange est un vain mot. Cette pensée est le résumé de plusieurs écrits ayant trait aux relations industrielles et maritimes des colonies françaises, avec leur métropole, et qui ont paru lors de la rupture du pacte colonial ; convention abrogée sous l'empire des idées d'un libre-échange mal compris, mais à laquelle on a été obligé de revenir, enfin, dans les dispositions principales concernant les rapports avec la mère-patrie. Au point de vue de la marine et du commerce métropolitain l'épreuve du libre-échange a été désastreux dans nos possessions d'Outre-Mer.

Examinons, en elle-même, cette théorie néfaste qui consiste à n'imposer que les produits tirés du sol d'un pays en exonérant les produits du sol étranger. Ni la logique financière, ni la logique économique n'admettent une pareille contradiction. Ici toute suprématie est au moins irrationnelle, car l'impôt direct est acquitté à *priori* tandis que l'impôt indirect est exigé à *posteriori*. L'impôt foncier est prélevé directement sur la terre sans égard aux charges qui pèsent sur elle, entre autres la dette hypothécaire. Ne voit-on pas trop souvent, les jours d'expropriation, tel propriétaire devoir 100,000 francs sur une terre qui suffit tout au plus à le libérer envers ses créanciers hypothécaires? Il est donc permis d'affirmer qu'il ne possède rien et pourtant ce même propriétaire nominal et obéré payera forcément avec exactitude les douzièmes exigibles de ses impôts. Il faut bien le dire, en France, sur 3 millions de propriétaires, on en compte trois mille aisés, riches, qui soient propriétaires dans le sens propre du mot. Des propriétaires gênés, pauvres, qui ne possèdent rien d'une manière fictive, apparente, on en compte neuf sur dix.

N'est-il pas essentiellement juste de faire payer au blé étranger un droit équivalent à celui payé par le blé indigène? En prenant pour base le cadastre, le rendement de plusieurs propriétés et

les impôts de toute sorte établis depuis
la funeste guerre de 1870, nos calculs, à
ce sujet, ont donné le résultat suivant,
qui est absolument le même que celui
obtenu, d'une manière différente par un
économiste distingué. La taxe acquittée
par le blé français est environ de 10 %
de sa valeur, ce qui représente 4 fr. 50
ou 5 fr. par 100 kilogrammes, selon qu'on
prendra telle région de notre pays plutôt
que telle autre. Il n'est exigé sur le blé
étranger qu'une taxe de 3 fr. par 100
kilogrammes. On peut facilement éluder
ce dernier droit en se servant des moyens
très connus fournis par le système de
l'admission temporaires des céréales.

Est-ce là de la justice ? est-ce là de
l'égalité ?

Nous doutons qu'on puisse sortir de ce
dilemme : ou les marchandises provenant
du sol étranger doivent, comme les marchandises du sol national, payer l'impôt,
ou elles doivent en être exemptes. Dans
le premier cas, si l'on impose les unes, il
faut taxer les autres ; dans le second cas,
si l'on accorde l'immunité aux premières,
il ne faut pas la refuser aux autres. Les
suites de ce raisonnement, plein d'impar-
tialité, mèneraient fort loin ; elles condui-
raient inévitablement à la suppression de

tout impôt sur les produits de la terre. Dès lors, on tomberait par une autre voie, dans l'arbitraire et le privilège. Ce qu'il y a de mieux, c'est de rentrer dans la règle et de n'en point sortir.

Au reste, l'acquittement de l'impôt foncier étant opéré par l'agriculture et celui des droits d'importation par l'industrie et le commerce, il est permis de se demander si de ces trois branches de la prospérité publique, l'agriculture n'est pas la plus chargée d'impôts, et que, s'il y a quelque chose à modifier en fait de dégrèvement ou même d'immunité, ce ne doit pas être en faveur de celle-ci. Voici ce qu'en pense un économiste contemporain, M. Rondelet.

« Il n'est pas besoin que la récolte périsse et que le champ soit dévasté pour que la charge soit trop lourde et excède la part légitime des contributions dues par le sol. Il suffit de l'incertitude du remboursement et de la certitude de l'avance; c'est l'agriculture qui, à ses risques et périls, assure le trésor contre les non-values et les passe à son compte de profits et pertes.

» La conséquence économique de cette exagération regrettable en matière d'impôts, se traduit par des plaintes qu'on entend retentir de tous côtés ; qui n'a parlé comme les autres, des charges de l'agriculture, qui ne songe à les alléger, à provoquer ses efforts, à encourager ses tentatives ? C'est assurément une intention excellente que celle d'appliquer enfin à l'amélioration agricole quelque chose de cette fécondité, de cette ardeur, de ce génie scientifique dont la richesse industrielle de la France a multiplié les preuves. Mais le mal vient de plus loin ; ce qu'il faut changer, ce n'est point le rapport du capital et du revenu en matière de rendement agricole, mais au point de vue de l'impôt, le rapport de la contribution payée par le sol avec les taxes demandées aux autres formes de travail et aux autres sources de revenus.

» Si l'on ne se décide à mettre une main résolue sur les capitaux mal à propos affranchis de toute redevance, la propriété territoriale ne se relèvera pas de la défaveur contre laquelle elle lutte, et cependant cette défaveur compromet sérieusement l'équilibre économique de la production. »

On peut dire aussi avec Tégobosky, qu'en France, pour les charges qui pèsent sur la propriété foncière, la corde est tendue au maximum de la force de résistance.

Ce n'est donc qu'à la condition de trouver un prix de vente couvrant non seulement les frais, mais laissant en sus, un bénéfice, que la production peut existor. Il ne faut donc pas que les marchandises nationales se trouvent placées dans des conditions défavorables, sous le rapport de la concurrence qui leur est faite par les produits originaires des contrées où les exigences du fisc sont nulles ou moins fortes. Ainsi certaines denrées paient deux fois l'impôt. Tel est le cas du sucre français : la terre et le produit sont taxés. Qu'est-il exigé du sucre étranger ? une seule taxe. N'est-ce pas le cas d'affirmer, en ce qui concerne le sucre français, qu'on retire deux moutures du même sac, comme l'affirmait Vauban.

Dans des vers qui, par leur parfum, rappellent les fleurs cueillies au mont Hymète par le plus jeune des grâces, le poëte a dit :

Nul ne peut d'hérésie accuser le compas
Ni décréter qu'un corps tournant ne
[tourne pas.

La logique, en effet, dans l'ordre économique, comme dans l'ordre astronomique, est toujours la logique. D'opprimée qu'elle était sous le régime protectionniste, la production étrangère deviendrait oppressive en France, si le système de l'abolition des droits d'entrée venait à prévaloir. La vraie école libre-échangiste, celle qui veut la liberté commerciale sagement entendue, est loin de réclamer de pareilles relations internationales. Puisqu'il est impossible de prélever l'impôt autrement que sur des produits, elle n'a jamais entendu sacrifier le producteur national au producteur étranger. Elle ne veut donc pas qu'il soit reproché à celui-ci, précisément ce qu'elle reproche à celui-là. Le père du libre-échange proclame bien haut l'égalité de tous les producteurs ; rien ne résiste, ajoute-t-il, à l'idée d'être placé sur le même rang devant la loi.

Certains théoriciens d'une école très avancée, aimant la nouveauté, objectent que le paiement opéré par tous les producteurs de la part proportionnelle à la valeur de leurs produits est une chose qui, à tout prendre, importe peu ; l'uniformité de la taxe ne serait pas absolument nécessaire au cas actuel ; la différence établie dans la quotité du droit indiquerait alors que le fardeau de l'impôt peut être plus facilement placé sur les épaules de l'un que sur les épaules de l'autre.

La réponse à ce raisonnement singulier ne saurait se faire attendre. La répartition uniforme des charges est une des glorieuses conquêtes de la révolution de 1789. Ce partage égalitaire est très essentiel, car lorsqu'on veut faire porter un fardeau assez commodément, on fait toujours en sorte de le mettre en parfait équilibre sur les épaules de chacun. La société est comme un vaisseau dont la marche rapide et sûre dépend, en grande partie, de la distribution bien entendue de tout ce qui sertà le mettre en équilibre parfait sur l'élément où il doit faire sa course. Or, l'impôt est au corps social ce que le lest est à tout navire, et il est indispensable, pour assurer les conditions d'une bonne navigation, que le centre, de même que les deux extrémités du bâtiment, reçoive sa part de ce qui doit concourir, d'une manière si efficace, à le préserver d'un naufrage comme de tout autre événement malheureux.

L'impôt sur les marchandises étrangères est un fait universel qui doit avoir ses fondements universels. La suppression de cette taxe ne serait pas seulement qualifiée d'hypocrisie économique, elle serait, de plus, une contradiction. Les doléances des abolitionnistes sont vraiment singulières et montrent combien les prétentions émises par eux blessent la justice distributive et la liberté, tout en nuisant à la prospérité publique. Prenons pour exemple les produits du sol. Dans tous les pays où l'impôt foncier existe, la taxe sur les produits de la terre est perçue intégralement, que la récolte ait été bonne, médiocre ou mauvaise ; par conséquent, les marchandises paient, quand même, annuellement la même somme au Trésor. Il en est tout autrement pour celui qui fait venir, sur le marché, des produits étrangers : la taxe par ce dernier sera constamment en équation parfaite avec la quantité importée par lui.

Certes, nous ne prétendons pas soutenir que cette dernière manière de percevoir l'impôt soit défectueuse ; loin de là : ce serait la meilleure si elle pouvait être appliquée absolument, car les bénéfices, presque toujours, sont en raison directe de la production et de la vente. Seulement, il ressort de notre comparaison la vérité suivante : Si l'immunité de tout droit en faveur des produits du dehors devait prévaloir, la justice ne tiendrait plus sa balance égale, et l'étranger qui vend ses produits dans le pays du régnicole, serait mieux traité que le régnicole lui-même.

Quoi qu'il en soit de notre syllogisme, puisque des réclamations nombreuses surgissent sur le point en litige, on est étonné de voir de semblables protestations émises par ceux-là même qui, d'abord, ne devraient pas se plaindre de la législation fiscale actuelle, et ensuite par ceux qui se piquent de professer, au plus haut degré, le sentiment de la justice.

Tout ce que les libres-échangistes ont entassé d'arguments contre les protectionnistes pourrait être retourné contre ceux qui voudraient la suppression du simple droit sur les denrées et les marchandises tirées de l'étranger. La mise en pratique des idées de l'école libre-échangiste serait, en premier lieu, la consécration légale d'une concurrence déloyale ; en second lieu, une nouvel'e gène et une nouvelle dépossession illégitime, et enfin une illégalité remplaçant une autre illégalité. En effet, il y a oppression et spoliation dans le commerce, de quelque côté que la restriction soit placée. Ecoutons sur ce point le langage véhément tenu par le libre-échange à la protection. C'est un pamphlet (Spoliation et loi) adressé par Bastiat aux membres du Conseil général des Manufactures nationales.

« On croit que lorsque nous réclamons le libre échange nous sommes mus uniquement par le désir de laisser au travail et aux capitaux la faculté de prendre leur direction la plus avantageuse. On se trompe : cette considération n'est pour nous que secondaire, ce qui nous blesse, ce qui nous afflige, ce qui nous épouvante dans le régime protecteur, c'est qu'il est la négation du droit, de la justice, de la propriété ; c'est qu'il tourne contre la propriété et la justice la loi qui devait les garantir ; c'est qu'il bouleverse ainsi et pervertit les conditions d'existence de la société.

Qu'est-ce donc que la loi, ou du moins que devrait-elle être ? Qu'elle est sa mission rationnelle et morale ? N'est-ce point de tenir la balance égale entre tous nos droits, toutes les libertés, toutes les propriétés ? N'est-ce pas de prévenir et de réprimer l'oppression et la spoliation de quelque part qu'elles viennent ?

Quoi ! la loi n'est plus le refuge de l'opprimé, mais l'arme de l'oppresseur ! La loi n'est plus une égide, mais une épée ! La loi ne tient plus dans ses mains augustes une balance, mais de faux poids et de fausses clefs ! »

Il est donc parfaitement établi que le vrai libre échange ne veut point de la protection, quelle que soit la couleur dont elle se farde ou le vêtement dont elle s'affuble. Par ce détour habile, les abolitionnistes nous auraient fait revenir exactement à une situation semblable à celle qu'on veut proscrire. Seulement de nouveaux intéressés remplaceraient dans le domaine du privilège ceux qui en auraient été chassés ; ils ne s'appelleraient pas du même nom que les anciens, attendu qu'ils auraient pris un titre ayant la nouveauté pour lui, mais les termes seuls seraient changés, car la chose serait absolument la même.

Toutes les réformes sociales, pour être efficaces, doivent-être solidaires les unes des autres et vouloir résoudre le problème de la liberté commerciale en dehors de toute préoccupation des charges inégales supportées par beaucoup d'industries, c'est s'exposer à faire une œuvre stérile et nuisible. Les partisans de l'abolition du droit fiscal s'inquiètent fort peu de ce que contient de juste en soi le principe de l'égalité en matière d'impôt. Non seulement, il y aura obligation de taxer les produits venant du dehors, tant qu'on imposera la production intérieure, mais cet état de chose durera autant que le genre humain formera de nationalités.

D'ailleurs, il ne faut point méconnaître un fait qui nous donne raison d'adresser aux abolitionnistes le reproche de vouloir marcher à l'encontre du progrès, de remonter, par leurs singulières théories, le courant des idées modernes ; c'est que, les pays les plus libres comme les plus avancés en civilisation, tendent de plus en plus à préférer l'impôt sur les marchandises à toute autre taxe. Cette vérité est appliquée généralement à l'heure actuelle, elle ne l'était point il y a quelques vingt ans, bien que l'évidence de ses résultats eut en quelque sorte obligé Montesquieu à la consigner dans le livre immortel de l'Esprit des lois.

En Orient c'est le miri, sorte de contribution directe perçue avec la menace de la bastonnade, si elle n'est pas acquittée au jour fixé : peu importe que le redevable turc ait alors de l'argent ou n'en ait pas ; en Angleterre il n'y a plus d'impôt foncier ; on a donné pour le racheter la somme de 20 millions environ. Edmond

About dit que les anglais sont nos maitres en économie sociale.

Pourtant nos voisins d'Outre-Manche, proposés comme modèles par le célèbre publiciste, ont choisi l'impôt indirect comme devant être le principal revenu du Royaume-Uni. Il en est de même pour la Suisse et les États-Unis.

L'impôt direct est la seule taxe connue dans les contrées misérables : tant par terre, tant par homme ; voilà les deux règles de tribut. Mais les peuples qui savent se gouverner, comme ceux qui vivent du commerce, préfèrent taxer toutes les valeurs échangées à la frontière ou sur le littoral.

Il y a une autre chose qui est aussi vraie que les précédentes : les populations civilisées n'ont jamais hésité à préférer l'impôt sur les marchandises, quand elles ont été libres de céder à leur impulsion. Certains dialecticiens disent qu'il n'y a pas d'arguments irréfragables ; d'autres, prétendent le contraire. Ce n'est pas ici le lieu d'examiner qui a tort ou raison ; ce qui est positif c'est qu'on trouve quelquefois des faits portant en eux-mêmes comme un défi à toute récusation : or ceux dont la citation vient d'avoir lieu sont de ce nombre assurément, car il est impossible de les rejeter.

L'économie politique, qu'on le sache bien, n'a jamais émis la prétention qu'on la croie sur parole, elle admet que le public a le droit de lui demander des faits et des preuves.

Le bon marché auquel seraient livrées les marchandises du dehors (l'immunité étant admise) est une sorte de glu à laquelle il ne faudrait pas se laisser pren-dre, notre critique l'a déjà fait ressortir assez clairement. La doctrine actuelle-ment réfutée a été trop souvent prise en défaut ; on sait à quoi s'en tenir sur ses promesses pompeuses.

La diminution ou la remise entière de la taxe sur maints et maints produits n'a pas tenu la parole donnée, du moins quant au consommateur. Au cas dont il s'agit, l'objectif ce doit être lui. Au reste, à bien peu d'exceptions près, on paie ce qui a été degrevé aussi cher qu'avant la diminution ou la suppression des droits. L'enlèvement d'une faible taxe, en pareille circonstance, ne produira jamais rien de sérieux ; le passé, le présent, des témoi-gnages historiques, l'expérience, enfin, sont là pour nous l'apprendre.

Nous citons deux cas, entre mille, afin de prouver la justesse de notre raisonnement. Le premier sera pris chez un peuple civilisé ; le second, chez un peuple à demi-façonné par le progrès.

En 1851, les boulangers de l'île de la Réunion sollicitèrent l'abolition des droits d'entrée de 2 fr. 50 par hectolitre, perçus dans cette colonie française sur les blés étrangers. Le gouverneur, à qui la réclamation fut adressée, leur demanda si la baisse du prix de la farine et du pain serait la conséquence de cette mesure. Les pétitionnaires répondirent que la quotité du droit étant trop faible, le public ne pourrait retirer aucun avantage de sa suppression, mais pour les besoins de leur cause, ils apportèrent des raisons sonores et spécieuses dans le genre de celles-ci : que l'influence d'une mesure économique, sur le prix de la denrée la concernant, n'est pas le grand côté de la question ; que l'important dans les réformes de ce genre doit être l'essor rendu à des facultés précédemment enchaînées et la puissance de production, ainsi que richesse du pays, augmentées d'une manière générale, en raison de la solidarité qui unit toutes les industries. Le gouverneur ne trouvant pas à ces motifs la force irrésistible pour la circonstance, décida le maintien de la taxe ajoutant qu'il était mieux dans l'intérêt de la colonie que les 600,000 fr. perçus annuellement sur cette céréale vinssent comme toujours dans la caisse publique, plutôt que de se rendre dans celle des boulangers.

Voici la seconde preuve. Dans le courant de l'année 1856 l'administration supérieure de la colonie dont il vient d'être question, nous confia la mission de contrôler à la partie de Madagascar baignée par les eaux du canal de Mauzambique, les opérations d'un navire français se livrant au recrutement des travailleurs pour nos possessions de l'Océan Indien.

Les instructions qui nous furent données portaient cette recommandation expresse de refuser tout immigrant ne venant pas en liberté. Nous avions appris la suppression des droits d'importation et leur rétablissement dans la partie de la grande île africaine où nous allions aborder. Le chef des tribus peuplant le littoral vint à bord rendre sa visite de politesse. Après nous être entretenu avec lui sur les ressources du pays et sur son commerce, nous désirâmes savoir la cause du rétablissement des droits d'entrée: sa réponse sur ce point fut très laconique et pleine de bon sens. Le prix des marchandises étrangères vendues au consommateur malgache n'ayant point diminué, il avait rétabli la taxe d'importation qui, très modérée, lui donnait cependant un revenu considérable.

Quand il s'agit de supprimer n'importe quelle taxe publique, il ne faut pas argumenter par abstraction ; il est indispensable de prendre les faits tels qu'ils sont— on en déduit ensuite des raisonnements qui doivent avoir l'expérience pour appui, car, dans le domaine de l'abstraction des choses fiscales, une argumentation de cette nature, quelle que soit son habileté, nuit toujours à l'intelligence de la question qu'il faut examiner et résoudre.

La diminution dans le prix des marchandises est toujours le résultat de nombreux échanges, de la facilité, de la rapidité des communications et de l'économie apportée dans les moyens de transport. L'impôt, tel qu'il est établi, n'y est pour rien. Toutefois, ne voulant pas contester sur ce point et allonger le débat, nous ferions volontiers aux abolitionnistes la concession que le dégrèvement des marchandises étrangères influerait dans une certaine mesure, beaucoup même, si l'on veut. Mais alors l'immunité ou une diminution équivalente pourrait être réclamée par le producteur des marchandises françaises. Lui aussi pourrait, à son tour, présenter cette requête étonnante : « dégrévez-moi, je vendrai à des prix plus bas. »Je ne sais pas quel est le jurisconsulte qui pourrait soutenir que sa demande n'est pas fondée, car le producteur national pourrait montrer que le prix de toutes choses baissait considérablement, alors même que la prohibition existait dans toute sa rigueur. En bonne justice, pourrait-on objecter que sa réclamation ne peut être accueillie ?

Mais, dira-t-on peut-être, le prix du transport et l'impôt acquitté par les marchandises étrangères au lieu de production, ne faut-il pas les considérer comme suffisants pour équilibrer les conditions de la vente ? Non assurément. Les produits anglais, par exemple, paient beaucoup moins pour arriver de Londres à Paris que les produits français pour être transportés de Lille à Marseille. Quant à la contribution foncière et à celle des patentes, chacun sait qu'elles ne sont pas connues partout, et que c'est seulement en France que ces deux formes d'impôts sont le plus élevées. Au reste, les fabricants suisses et les fabricants allemands disent d'une manière non déguisée aux fabricants français, que ces derniers ne peuvent produire aux mêmes prix que leurs concurrents, parce qu'en Suisse et en Allemagne les impôts sont moins lourds.

Leur assertion est vraie de tous points. A défaut de cet aveu, nous aurions trouvé la preuve de l'inégalité des charges dans un ouvrage du crédit public. Le livre en question fait connaître qu'en France les charges publiques sont, pour chaque habitant, de 125 0/0 environ plus fortes qu'en Allemagne, et de 900 0/0 plus élevées qu'en Suisse. Si c'était ici le cas de parler des frais de main-d'œuvre, l'inégalité paraîtrait aussi choquante, car le salaire de l'ouvrier suisse et celui de l'ouvrier de l'autre côté du Rhin sont au salaire de l'ouvrier français comme 2 est à 4. Au surplus, l'étranger fait payer des droits d'importation aux marchandises françaises, et cette perception est parfaitement équitable.

En ce qui concerne la taxe due par les marchandises venant du dehors, un libre-échangiste aussi juste qu'intelligent, M. Léonce de Lavergne, s'exprime de la manière qui suit : « Nous ne comprenons pas, quoique partisan très déclaré de la liberté commerciale, cette faveur accordée aux produits étrangers aux dépens des nôtres. Qu'on efface jusqu'aux dernières traces du système protecteur, rien de mieux ; mais il est bon de maintenir les perceptions fiscales qui ont pour but de répartir le fardeau de l'impôt. En entrant et en circulant en France, les produits étrangers profitent de nos routes, de nos canaux, de nos chemins de fer ; ils jouissent de la sécurité que donne notre organisation militaire, judiciaire et administrative ; ils doivent donc supporter leur part de ces frais. Pour que l'égalité soit complète, sans mélange de protection et de préférence, il faut que l'impôt perçu sur les produits étrangers soit l'équivalent de l'impôt perçu sur les produits français, rien de plus, rien de moins. »

Tout impôt étant, en définitive, une taxe de consommation, et toute taxe de consommation ne pouvant être perçue que sur des marchandises, la loi fiscale ne doit pas traiter les produits étrangers en enfants gâtés, et les produits nationaux comme une marâtre. Elle doit être l'*alma parens* pour tous. Pourquoi appliquer à ceux-ci une logique et une morale différentes ? Il faut l'uniformité pour tous, la règle, enfin, et ne pas en sortir.

Chose étrange ! le langage des abolitionnistes est, au fond, identique à celui des protectionnistes. Le but seul n'est pas le même ; mais ce qu'on veut dans les deux camps c'est de la faveur. Les prétentions de la nouvelle école économique ont pour tendance avouée de réduire à l'état de servage toutes les valeurs produites dans un pays. L'intérêt général exige le contraire ; le privilège commercial, quand il n'est pas déterminé par des raisons majeures, et par suite exceptionnelles, doit être abattu.

Dans cette considération, nous voyons un motif sérieux pour faire atteindre par le fisc les marchandises étran-gères, sans en excepter aucune. Toutes doivent leur quote-part. Il ne doit pas s'écarter de ce principe en voyant dans ces dernières des richesses auxquelles il ne doit rien être demandé.

Si l'immunité devait prévaloir, l'impôt prélevé sur les produits créés par les régnicoles, serait un tribut établi à l'avantage exclusif de cette classe de fabricants et de commerçants dont la tendance bien connue est de changer à son seul avantage l'état économique de la Société. Or, cette sorte de producteurs ne peut parvenir à ses fins qu'en faisant disparaître les rapports existant entre des choses de même nature, et en enrayant à son profit la liberté commerciale telle qu'elle est entendue par ceux que l'intérêt personnel, le parti-pris et l'engouement n'aveuglent pas.

L'application de la théorie ultra libre-échangiste a toujours été considérée comme très mauvaise. L'expérience lui attribue cette première conséquence : c'est de vouloir montrer les lois économiques et leurs effets autrement qu'ils ne ne sont. Il ne saurait en être différemment : après avoir fait disparaître un monopole, il en surgirait un autre. Le privilège existerait donc encore, et celui-ci serait d'autant plus dangereux qu'il se présente comme venant réparer toutes les injustices : nouveau Protée, il fait son apparition sous une face à laquelle on était loin de s'attendre. Voilà où l'on arrive quand on veut contredire les con ditions de la société, le mouvement économique et sa loi, les aspirations égalitaires et libérales du temps.

CHAPITRE IV

—

Du droit protecteur

Moins le produit étranger entre, plus le droit
protecteur atteint son but ;

Plus le produit étranger entre, plus le droit
fiscal atteint le sien ;

Le droit protecteur pèse sur tous et profite à
quelques-uns ;

Le droit fiscal pèse sur tous et profite à tous.

BASTIAT

Par tout ce qui a été démontré au chapitre précédent, nous pouvons, il nous semble, considérer le droit fixe comme ayant péremptoirement sa raison d'être. Une seule question toutefois, vaste et féconde, naît des idées de liberté commerciale. C'est celle de savoir comment la justice doit présider à l'établissement de la taxe devant atteindre les diverses marchandises apportées de l'étranger sur le marché national et qui se trouvent ainsi placées à côté des marchandises françaises.

Peut-être, aurions-nous pu déduire notre théorie par la voie du syllogisme. De cette manière, la solution aurait été obtenue beaucoup plus tôt. Nous avons dû y renoncer parce que, procéder de la sorte, ce serait délaisser la méthode que nous voulons toujours suivre, laquelle, préférant l'observation à la déduction, ne prend pour guide certain que l'expérience. L'expérience, a dit un philosophe contemporain, ne doit jamais fatiguer celui qui veut se rendre compte de la nature des choses et des faits qu'elle met en évidence. Ce qui est tout aussi incontestable, c'est que la méthode psychologique, dans la philosophie, comme dans toute autre science s'occupant des effets et des causes, doit être préférée, parce qu'en elle réside la seule manière d'arriver au vrai.

Si quelque chose éprouve de la difficulté pour toucher profondément les esprits, ce sont les deux vertus morales appelées la justice et la vérité. L'erreur et l'oppression présentent si peu d'obstacles pour pénétrer dans les intelligences, qu'il ne faut presque point d'effort pour s'y attacher et en avoir une connaissance des plus parfaites. Tel est le cas du régime de la protection et de celui de l'abolition.

Au moyen de sophismes habilement tournés, il est très facile de montrer les industries d'un pays conduites à leur ruine par suite de l'entrée accordée aux produits similaires fournis par les industries du dehors ; il n'est pas difficile, non plus, de presenter ce même pays se livrant à la merci de l'étranger. La méthode protectionniste n'a pas le mérite d'être nouvelle, mais elle compte beaucoup d'adhérents. Les uns sont toujours pris d'une admiration exagérée et sont de bonne foi ; les autres sont purement et simplement guidés par l'intérêt personnel.

Quoiqu'il en soit, les uns et les autres soutiennent qu'il ne faut pas aller chercher ailleurs ce qu'on trouve chez soi, car il est préférable d'avantager ses compatriotes. Le raisonnément qui suit est d'une naïveté surprenante : Si je vends 100 fr., ajoute le protectionniste, un objet dont le similaire est cédé pour 50 fr. à l'étranger, les 50 fr. formant la différence entre deux prix ne restent point dans ma bourse, je m'en débarrasse bien vite au profit de la communauté, en achetant d'autres objets de mon industrie. En réalité, ce n'est douc pas à moi seul que le prix de la vente est profitable ; il intéresse aussi tous les citoyens qui ont concouru à la production de l'article.

Les prémisses de ce raisonnement si spécieux concédées, la conclusion ne saurait faire l'objet d'un refus. Par suite, la violence a dû obliger ceux sur lesquels la persuasion était impuissante. De là des actions indifférentes et très légitimes en elles-mêmes, comme celle d'échanger une marchandise nationale contre une marchandise étrangère, transformées nécessairement en contravention, en délit et parfois même en crime. Au point de vue du principe, la conséquence est de toute rigueur.

Les arguments les plus extraordinaires ont été soutenus avec une énergie peu commune pour légitimer cet abus de la force contre le droit. Combien d'efforts n'a-t-on pas faits afin de prouver que l'intérêt sacré du peuple consiste à payer cher dans l'intérieur ce qui, à deux pas de la frontière, peut être obtenu à moitié prix, quelquefois de meilleure qualité. Toutes les malédictions qu'on a fait autrefois tomber sur les machines le prouve surabondamment. C'est une pareille aberration de l'esprit humain qui fit brûler à Lyon, par la main du bourreau, le métier à la Jacquart.

Des économistes de bonne foi et des esprits d'élite ont été séduits, il est vrai, par cette fausse doctrine de prospérité générale ; mais, il faut bien en convenir, le vice simulant un sentiment louable qu'on n'a pas, l'hypocrisie, pour l'appeler par son vrai nom, est loin de manquer à bon nombre de ceux qui, affectant de la sollicitude pour le bien de tous, ne songent qu'à leur utilité ou à leur convenance personnelle. Les intérêts du trésor ont été merveilleusement présentés comme identiques à ceux des exploitants ; l'Etat, de son côté, a cru pendant de longues années, que l'intérêt de ceux-ci était lié au sien intimement. On a sans cesse combattu l'erreur dont nous parlons ; elle est heureusement dissipée de nos jours dans les gouvernements éclairés, mais elle est encore très vivace chez plusieurs autres. Se rendre compte de la valeur réelle de cette croyance ne saurait être hors de propos.

La gestion économique de la société appartient à l'Etat. Celui-ci doit donc défendre les intérêts, bien compris, du producteur, du vendeur et de l'acheteur. L'indifférence de l'Etat, sur ce point, serait coupable, car si le gouvernement ne veillait pas sur toutes les formes de travail, comme sur celle des revenus, la société, au lieu de marcher en avant, serait bientôt ramenée du côté de la barbarie. Comment le secours, l'appui dont

nous parlons doivent-ils être donnés ?
Est-ce par le système tenant le milieu
entre la prohibition et la franchise absolue
des marchandises étrangères ? En économie politique, ce qui est également éloi-
gné de ces deux forces antagoniques
s'appelle la protection. Or, ce système
est absolument condamné ; il est classé
dans les institutions dont on ne veut plus,
— qui doivent fatalement disparaître ,
parce qu'elles ne répondent plus aux
besoins de notre époque.

Le droit individuel de vendre et d'acheter repousse la prétention excessive des
industries, de se réserver le marché du
pays où elles fonctionnent. Tout acheteur
cherche un vendeur, comme tout vendeur
cherche un acheteur. Il est toujours utile
au consommateur de pouvoir obtenir ce
dont il a besoin au moyen de ce dont il
n'a que faire. On tomberait dans la niai-
serie si l'on cherchait à prouver à n'importe quel habitant de Malaga , par
exemple, que la vente avantageuse de
son vin, contre certains articles de New-
York, ne peut, au fond, être bonne pour
son commerce et que tout échange de
cette nature serait contraire à l'intérêt
général de la péninsule ibérique, s'il a

pris envie au tarif espagnol de prohiber ces articles.

Opposer des restrictions au droit que chacun possède de pouvoir disposer de sa marchandise comme il lui plaît, c'est empêcher le développement de la richesse publique. Il ne saurait y avoir plusieurs manières d'entendre la science de faire des échanges productifs, il n'y en a qu'une : elle consiste à laisser chacun profiter sans entrave des avantages qu'il peut trouver à vendre ou à acheter. Vouloir le contraire, c'est désirer la renaissance du métier honteux, illégal et déloyal appelé la fraude. Disons-le : les relations commerciales entre les peuples sont heureusement changées, à l'avantage de chacun d'eux, depuis l'époque où la muse de l'Ida, munie de l'archet d'or d'Apollon, descendit sur la terre française, et avec un rire attique et gaulois, préludait, dans la chanson des contrebandiers, à la solution du régime économique dont le programme de la liberté a posé les magnifiques fondements.

> Château, maison, cabane,
> Nous sont ouverts partout ;
> Si la loi nous condamne,
> Le peuple nous absout.   (BÉRANGER)

Les réformes commerciales opérées depuis lors, entre les différents Etats de l'Europe, bien qu'imparfaites sous plusieurs rapports, ont produit une augmentation considérable de valeurs. Au cas dont il s'agit, la grandeur de l'effet a justifié, on ne peut mieux, la puissance de la cause. Ce résultat a pleinement donné raison à ceux qui poursuivent l'abolition totale du privilège dans les industries où sa possession se trouve maintenue, par suite d'une taxe excessive grevant encore certains produits, et dans celle où, par l'effet même des conventions internationales relatives aux échanges, cette même possession du privilège a été consacrée de nouveau sous la forme de l'immunité des droits d'importation.

La surtaxe sur les marchandises et son remplacement par l'exemption de tout impôt, sont deux manières d'opérer médiocrement admirées par ceux qui ont quelque souci de l'égale répartition des charges publiques. Dans l'un et l'autre cas, on prend à Paul pour donner à Pierre. Si A paie 400 fr. à l'Etat pour les marchandises produites par lui à l'intérieur et si B ne donne rien au Trésor pour celles qu'il fait venir de l'étranger, alors surtout que les marchandises ont

ûhe valeur égale à celles de son concurrent, A donne, à coup sûr, 200 fr. pour B
à la caisse publique. Si vous me vendez
un objet dont le prix est de 100 fr., et
que, par suite de la surtaxe, je le paie
120 fr., c'est 20 fr. que je vous donne
gratuitement. La surtaxe, on le voit
d'ailleurs, n'est pas autre chose que
l'impôt additionnel par excellence.

Le droit protecteur a toujours dérangé
le cours naturel des choses et lui nuira
constamment, par ce qu'il établit entre
les différents besoins et les moyens d'y
pourvoir, des proportions et des rapports
dont l'existence serait inconnue, sans les
restrictions qu'ils nécessitent ; or ces
restrictions rendent incessamment pré-
caires les spéculations et les ressources
des citoyens.

D'après la théorie protectionniste,
l'État ne doit pas borner son rôle à protéger les faits économiques dans l'ordre
où ils doivent réellement se présenter ; il
doit aussi concourir à la défense des
industries impuissantes à lutter avec les
industries similaires établies au-dehors.
D'après ce singulier raisonnement, le
Pouvoir serait tenu d'enrichir ceux qui
vendent cher et ses engagements devraient correspondre à ses attributions.

Cette intervention du Gouvernement est appelée par les intéressés, *défense du travail national.* Bien qu'il ait eu du succès et qu'on le répète encore le mot est absolument faux ; de plus, c'est un préjugé détestable et ruineux.

Que doit l'Etat à tous les habitants ? doit-il substituer son ingérence à la cupidité ingénieuse du commerçant et au flair naturel du consommateur ? L'obligation du Pouvoir consiste à procurer à ceux-ci les moyens nécessaires pour faire des échanges faciles et très nombreux ; mais il ne saurait leur procurer la richesse (l'acquisition de la richesse entendue selon les partisans de la doctrine protectionniste). Tous les intérêts ont droit à la faveur gouvernementale, bien qu'il soit de l'essence du privilège de ne mettre ni trève ni limite à ses prétentions. Le producteur national trouve son intérêt à vendre le plus cher possible ; mais le consommateur national n'a-t-il pas intérêt à se faire céder au meilleur marché ?

Forcer l'acheteur, au moyen d'un droit d'importation très élevé à payer fort cher, ou le mettre, par suite de l'élévation excessive de ce même droit, dans l'impossibilité de prendre au-dehors toute marchandise à sa convenance, est une

injustice qui n'aurait sa raison d'être, si
l'injustice pouvait être justifiée, qu'en
obligeant les producteurs nationaux à
vendre cher à l'étranger, au moyen d'un
droit très fort prélevé sur les marchandises françaises à leur sortie du
territoire. En d'autres termes : pour le
producteur, la difficulté de vendre à
l'étranger serait égale à celle rencontrée
par le consommateur pour y faire des
achats. Quoi qu'on en puisse dire, voilà
de la vraie égalité. En bonne logique,
l'une de ces mesures doit être le corollaire de l'autre. Les protectionnistes vont
nous accuser de soutenir ce qui est
contraire au sens commun. Et pourtant,
rien de plus équitable que l'enchaînement
de ces mesures fiscales, l'équité du droit
protecteur étant admise. La démonstration par l'absurde est quelquefois indispensable dans les sciences économiques
et morales, où l'on ne saurait trop prouver.

Ne l'oublions pas, dans l'ordre agricole,
industriel, commercial et maritime, l'Etat
doit intervenir dans une certaine mesure,
quand il s'agit de luttes entre les intérêts
privés et régionaux ; mais l'activité d'un
pays s'affaiblit, les producteurs perdent
aisément l'habitude des améliorations

nécessaires à leur industrie, si le bénéfice leur est, assuré quand même, de par la loi. Dans toutes les branches de la production, comme chez les individus, il existe la tendance naturelle à une sorte de paresse, à l'engourdissement, si l'on veut. Cette disposition se fait remarquer surtout, lorsque la chose désirée est obtenue. Le nombre de ceux qui réagissent contre cette faiblesse commerciale est bien rare. La fainéantise particulière dont nous parlons est principalement observable dans les pays où la protection domine : la sureté de la vente en est la cause naturelle.

Chacun connaît le remède à état pléthorique de la production nationale : on le trouve en entier dans le *laissezfaire*, seule manière de satisfaire le vœu des populations. A ce sujet, il est à désirer que tous les gouvernements imitent celui de la France. Ce dernier n'a pas de parti-pris. Sa conduite est réglée sur le désir du pays ; il souhaite au plus haut degré d'agir selon la nation ; la bonne volonté est constamment son point de départ ; il est toujours prêt à encourager les améliorations sociales possibles; en un mot, selon une expression célèbre, il prend son bien où il le trouve et sait le rendre productif.

Les chefs d'industrie, on peut l'affirmer en thèse générale, résistent le plus aux innovations, parce que le progrès, exigeant le renouvellement du matériel, se présente à eux sous l'aspect d'une grosse dépense. Aussi lorsqu'il s'agit d'opérer des réformes économiques relatives à l'abaissement de la surtaxe grevant les marchandises étrangères, les intéressés au maintien du *statu quo* conservent l'allure qui leur est propre et à laquelle la prudence ne manque pas. Pour donner de l'intérêt à leur cause, ils montrent ce qu'était leur industrie ; ils cachent soigneusement son état actuel ; quant à son avenir, ils le rendent le plus noir possible. Si l'on se reporte à l'époque où le mécanisme de la protection a été monté, on verra que ce langage, quoique fort ancien, n'a pas subi de variante. Sous le rapport de la dissimulation, les abolitionnistes ont une tendance très marquée à s'assurer la succession des protectionnistes. En effet, soit qu'il s'agisse de l'enlèvement de la surtaxe, soit qu'il s'agisse de la taxation pure et simple, ni les uns ni les autres ne paraissent se soucier des raisons que font valoir contre eux l'augmentation de la richesse publique et les bénéfices considérables réalisés par l'industrie tout entière.

Cependant les erreurs les plus décriées, les arguments les plus étranges sont toujours présentés par les partisans des industries à privilège, peu importe l'école à laquelle ils appartiennent. Ce qu'il leur faut, ce sont des traitements de faveur. Et pourtant le système de la protection, comme celui de la prohibition, vit au moyen de lieux communs, dont le vide et l'inconséquence ont été démontrés depuis longtemps.

Quoi qu'il en soit, les champions des idées protectionnistes ne sortiront pas du cercle logique où nous les enfermons ici : ou les industries nationales peuvent vivre maintenant avec leurs seules forces, ou elles ne le peuvent pas ; s'il leur est possible de voler avec leurs propres ailes, il faut faire disparaître la surtaxe sur les similaires étrangers, sorte de prime reçue sous un déguisement et qualifiée d'aumône forcée par certains économistes ; au contraire, s'il y a impossibilité pour elles d'exister sans le droit protecteur, il faut abolir la protection, car un grand pays comme la France ne peut se condamner éternellement à une consommation improductive et à la destruction gratuite d'une grande partie du capital national.

L'auteur des savants commentaires sur l'Esprit des lois dit que tout le bien des sociétés humaines est dans la bonne application du travail, tout le mal dans sa déperdition. L'objet principal, au cas actuel, serait donc le placement le plus rémunérateur des capitaux et l'emploi le avantageux de la main-d'œuvre; d'où il suit, qu'après plus de trois siècles d'expériences faites en Europe du procédé protectionniste, on doit traiter comme des parasites, et par suite laisser à elles-mêmes les industries qui ne peuvent se tenir debout sans appui.

Autrefois, on avait une manière de traiter les produits étrangers, qui était bonne, peut-être. Maintenant, ce procédé fiscal équivaut à une ruineuse déperdition des capitaux et de la main-d'œuvre. Les monopoles s'introduisent toujours dans le monde au nom du bien public. A leur origine, ils tiennent quelquefois leurs promesses. Avec le temps, leurs fruits deviennent amers. Peut-il en être autrement? Le système protectionniste absorbe l'activité commerciale pour faire le béné-

fice de quelques producteurs. Disons, à
ce sujet, que la façon avec laquelle ceux-
ci procèdent envers le consommateur est
vraiment singulière. Ce dernier doit s'ap-
provisionner chez eux des articles dont
il a besoin, et il doit les payer à des prix
qui ne sont si élevés que parce qu'ils
reposent sur l'arbitraire.

Dans bien des pays, lorsque le consommateur veut faire usage des similaires
du dehors, il est obligé, si les objets ne
sont pas compris dans la catégorie des
prohibés, d'acquitter un impôt calculé de
telle sorte, que le prix de revient en
soit toujours fort au-dessus de celui payé
au Trésor public par les marchandises
nationales. Pourtant, dans toute réforme
économique, le consommateur doit entrer
en première ligne ; son bien-être se mesure sur la valeur plus ou moins élevée
des choses qui lui sont indispensables.
Communément, on ignore que le nombre
des intéressés à la jouissance des faveurs
abusives de la protection est peu considérable, tandis que ceux à qui la liberté
serait favorable forment presque toute la
population du pays.

La puissance des intéressés au maintien de l'état actuel des choses, est en
raison inverse de leur faible quantité.

Pour arriver à éterniser le droit protecteur, ceux-ci déploient une activité immense. En s'agitant sans cesse et en faisant constamment entendre des plaintes,
ils parviennent à tromper l'opinion générale. Au cas actuel, le petit nombre a
toujours voulu faire la loi à la majorité.
Ce fait très regrettable se produit soit
qu'il s'agisse d'une réforme économique
à opérer dans une nation quelconque,
soit qu'on veuille faire regretter le temps
où la prohition florissait. Aussi certains
fabricants et certains agronomes n'ont-
ils pu laisser échapper l'occasion que
semble leur offrir la crise industrielle et
agricole actuelle.

Ici, nous sommes arrêtés par des
cris d'alarme poussés dans plusieurs
centres producteurs. Examinons si le
motif qu'on a donné à cette panique simu-
lée en était la cause véritable. La chose
mérite cette attention, quelque soit le
côté par lequel on la considère. Le moment, en effet, ne pouvait être mieux
choisi pour essayer d'imputer aux traités
commerciaux le malaise accidentel éprou-
vé par l'industrie tout entière. On ne peut
se dissimuler que dans la réclamation des
manufacturiers, agriculteurs, armateurs
et négociants, une grande habileté n'ait

été déployée et, ici comme toujours, il faut bien le dire, on reconnaît un système vaincu qui met tout en œuvre pour donner le change à ceux qui cherchent sérieusement à se rendre un compte exact de ce qu'il en est des conventions d'échanges internationaux.

Ne l'oublions pas, les transactions commerciales avaient repris un mouvement ascensionnel vraiment remarquable après la funeste guerre de 1870, et malgré la guerre entre la Russie et la Turquie, où l'Angleterre avait failli être mêlée. Personne ne se plaignait au point de vue de la vente et de l'achat. Le ralentissement des affaires, pour nous servir du mot consacré, a commencé dès que le prix du pain s'est élevé en Europe. Il n'y a pas lieu d'être surpris de ce phénomène, il faudrait s'étonner du contraire. Le motif de la diminution prolongée de l'activité des travaux industriels est là et point ailleurs. Si nous ne nous trompons, il ne faut s'attendre à ce que les échanges reprennent leur marche ascendante que lorsqu'une ou deux bonnes récoltes de blé sera un fait certain, car les bonnes années s'enchaînent comme les mauvaises.

Un maître autorisé pour prendre la

parole dans les questions de la nature de celles dont nous parlons, s'exprime ainsi :
« Si les prix du blé varient soudainement, s'ils passent presque subitement d'un prix inférieur à un prix supérieur, ou réciproquement, alors il y a trouble dans les transactions et malaise dans la société; c'est la cause de nos mécomptes industriels et commerciaux. Voyez, en effet, ce qui arrive : lorsqu'il survient une période de bonnes récoltes, les blés descendent au-dessous du prix qui peut rémunérer le cultivateur. Alors les producteurs souffrent et se plaignent ; avec l'abondance est venu le bon marché qui est pour eux une cause de calamité agricole. Pendant ce temps, toutes les valeurs ont augmenté, tout ce qui n'est pas producteur de blé a profité de cette abondance ; les transactions se sont multipliées, le travail s'est accru de toute la portion que le bas prix du blé permet de consacrer à d'autres satisfactions, et les plaintes des campagnes sont étouffées sous les acclamations des villes.

Mais passons à la situation opposée. Les temps ont changé, une période de mauvaise récolte est arrivée. Tout à coup le prix se relève avec un écart d'un quart, d'un tiers, de moitié en quelques semaines. De 16 francs, prix moyen, voici que l'hectolitre arrive à 26 francs, qui est déjà le commencement d'une cherté préjudiciable aux intérêts manufacturiers. Alors c'est le tour des travailleurs des villes à se plaindre ; la moitié de leur salaire est absorbée par le pain, et, les autres consommations s'arrêtant, les fabriques ne tardent pas à cesser leurs travaux, les salaires diminuent, les transactions commerciales se ralentissent, et la condition des industriels devient désastreuse.

Voilà en quelque sorte la partie théorique de la question ; écoutons les faits : c'est Bastiat qui les énumère dans un écrit vraiment remarquable intitulé : *Paix et liberté.* « L'éternel sophisme des gens décidés à incriminer une chose, c'est de lui attribuer tous les maux qui surviennent dans le monde. *Post hoc, ergo propter hoc.* L'idée préconçue est et sera toujours le fléau du raisonnement, car, par sa nature, elle fuit la vérité quand elle a la douleur de l'entrevoir.

« L'Angleterre a eu d'autres crises commerciales que celle qu'elle vient de traverser. Toutes s'expliquent par des causes palpables. Une fois elle fut saisie d'une fièvre de spéculation mal conçue.

D'immenses capitaux, désertant la production, prirent la route des emprunts américains et des mines de métaux précieux. Il en résulta une grande perturbation dans l'industrie et les finances ; une autre fois, c'est la récolte qui est emportée, et il est facile d'apprécier les conséquences. Quand une portion considérable de travail de tout un peuple a été dirigée vers la création de sa propre subsistance, quand on a labouré, hersé, semé et arrosé pendant un an la terre de ses sueurs pour faire germer les moissons, si, au moment d'être recueillies elles sont détruites par un fléau, le peuple est dans l'alternative ou de mourir de faim ou de faire venir inopinément, rapidement, des masses énormes de subsistances alimentaires. Il faut que toutes les opérations ordinaires de l'industrie soient interrompues, pour que les capitaux qu'elles occupaient fassent tête à cette opération gigantesque, inattendue, irrémissible.

« Que de forces perdues, que de valeurs détruites ! et comment n'en résulterait-il pas une crise ? Elle se manifeste encore quand la récolte vient à manquer aux Etats-Unis, par la simple raison que les fabriques ne peuvent être aussi activement occupées quand elles manquent de coton que lorsqu'elles n'en manquent pas: et ce n'est jamais impunément que la stagnation s'étend sur les districts manufacturiers de la Grande-Bretagne. Des insurrections en Irlande, des troubles sur le continent qui viennent interrompre le commerce britannique et diminuer dans la clientèle la puissance de consommation, ce sont encore des causes évidentes de gêne, d'embarras et de perturbation financière.

« L'histoire industrielle de l'Angleterre nous apprend qu'une seule de ces causes a toujours suffi pour déterminer une crise dans ce pays. Or, il est arrivé que juste au moment où sir Robert Peel a introduit la Réforme, tous ces fléaux à la fois, et à un degré d'intensité jusque-là inconnu, sont venus fondre sur l'Angleterre. Il en est résulté pour le peuple de grandes souffrances, et aussitôt l'idée *préconçue* de s'écrier : Vous le voyez, c'est la Réforme qui écrase le peuple.

« Mais, je le demande, est-ce donc la réforme financière et commerciale qui a amené deux pertes successives de récolte en 1845 et 1846, et forcé l'Angleterre à dépenser deux millions pour remplacer le blé perdu ?

« Est-ce la réforme financière et commerciale qui a causé la destruction de la pomme de terre en Irlande pendant quatre années, et forcé l'Angleterre de nourrir, à ses frais, tout un peuple affamé ?

« Est-ce la réforme financière et commerciale qui a fait avorter le coton deux années de suite en Amérique, et croit-on que le maintien de la taxe à l'entrée eût été un remède efficace ?

« Est-ce la réforme financière et commerciale qui a fait naître et développer le *Railway-Mania* et soustrait brusquement deux ou trois milliards au travail productif et accoutumé, pour les jeter dans des entreprises qu'on ne peut terminer ; folie qui, d'après tous les observateurs, a fait plus de mal *actuel* que tous les fléaux réunis ?

« Est-ce la réforme financière et commerciale qui a allumé, sur le continent, le feu des révolutions et diminué l'absorption de tous les produits britanniques ?

« Ah ! quand je songe à cette combinaison inouïe d'agents destructeurs coopérant dans le même sens ; à ce tissu serré de calamités de toutes sortes accumulées par une fatalité sans précédent, sur une époque déterminée, je ne puis m'empêcher de conclure juste au rebours

de *l'idée préconçue*, et je me demande :
Que serait-il advenu de l'Angleterre, de
sa puissance, de sa grandeur, de sa
richesse, si la Providence n'avait suscité
un homme au moment précis et solennel ?
Tout n'eut-il pas été emporté dans une
effroyable convulsion ? Oui, je le crois
sincèrement, la réforme, qu'on accuse
des maux de l'Angleterre, les a neutra-
lisés en partie. Et le peuple anglais le
comprend, car bien que la partie la plus
délicate de cette réforme, le libre-échange,
ait été soumis, dès son avènement, aux
épreuves les plus rudes et les plus inat-
tendues, la foi populaire n'en a pas été
ébranlée et, au moment où j'écris, l'œuvre
commencée se poursuit et marche vers
son glorieux accomplissement.

« Repassons donc le détroit et que la
confiance nous accompagne ; il n'y a pas
lieu de la laisser de l'autre côté de la
Manche. »

Quoi qu'on pense du tableau qui précède, il n'en est pas moins vrai que de
leurs prétentions et de leurs convenances
personnelles, les protectionnistes con-
cluent à un droit incontestable, dont la
perte serait volontiers, par eux, qualifiée
de vol. On pourrait leur objecter que tout
industrie doit se protéger elle-même.

Celles qui ne redoutent point de concurrents sérieux sont, en France, assez considérables pour que la marche économique
de ce pays ne soit plus contrainte d'être
mesurée à leur manière de produire. Il
doit en être des producteurs français
continuant à s'avancer dans la voie du
progrès et de ceux restant stationnaires,
comme d'une armée opérant un mouvement en avant en face de l'ennemi. La
marche de celle-ci est réglée sur le pas
des hommes ayant les qualités requises
de santé et de vigueur. On laisse ceux
qui ne peuvent suivre. Il est donc permis
d'affirmer que les industries couvertes
d'un privilège abusent de leur force contre
l'acheteur. En plaidant pour l'opprimé,
on a pour soi la double autorité du droit
et de la science.

Ce qui est cause des faibles progrès
opérés jusqu'aujourd'hui par la liberté
absolue du commerce, c'est le peu d'union
parmi ses partisans. Le but vers lequel
les efforts doivent être dirigés et le chemin
à prendre pour arriver au terme ne sont
pas, dirait-on, encore bien connus. La
divergence d'opinion, à ce sujet, ferait
penser qu'il y a plusieurs manières d'entendre la liberté. Les uns donnent à ses
principes l'extension la plus démesurée,

mais les autres la restreignent tellement, qu'il y aurait lieu de croire que son application est impossible. Cependant, on ne peut pas adapter aux maximes économiques le mot célèbre de Pascal : Vérité en deçà des Pyrénées, erreur au-delà.

La cause de cette situation anormale vient des méprises suivantes : Certaines apparences dans les échanges sont, en premier lieu, prises pour des réalités, et les conséquences accidentelles de l'offre et de la demande, pour des conséquences réelles ; le bien précaire pour le bien durable ; le préjugé et l'erreur dans le mouvement commercial des peuples admis comme des vérités. D'autre part il y a des gens qui, apercevant sous un faux jour les révolutions devant s'opérer inévitablement dans toutes les industries, ne craignent pas de reculer devant les suites de leurs propres doctrines ; enfin, s'il fallait juger le libre-échange par l'état actuel des nations ayant conclu entre elles des traités de commerce, on serait tenté d'avouer que les vrais libres-échangistes ne connaissent plus de quelle manière il faut procéder pour arriver à la pure liberté commerciale.

En effet, les avis diffèrent non-seulement sur los moyens d'exécution, mais sur les règles même formant l'émancipation des échanges. Pourtant, les conventions internationales dont nous venons do parler, seront citées plus tard comme un glorieux témoignage de la grande révolution sociale, industrielle et économique dont nous voyons les débuts ; elles sont comme l'aurore d'un beau jour. Parties d'abord de l'Angletorre, ces tentatives de réformes commerciales provoquèrent bientôt cette agitation pacifique appelée depuis lors, *mouvement continental.* Les tarifs conventionnels de douane, conséquence naturelle de ce progrès, forment la première étape de la révision économique et financière de chacun des Etats contractants. Le dernier terme de la réforme doit être dans la proclamation de l'égalité ède toutes les marchandises devant l'impôt et dans la liberté absolue des échanges. Nous considérons comme un grand avantage la moindre chose obtenue pour arriver à cette fin si désirée

C'en est un, à coup sûr, que de faire disparaître la coalition de quelques intérêts particuliers contre l'intérêt général. Il ne faut donc pas s'étonner si tel peuple n'avance pas dans la carrière comme tel autre. Dans toutes les sciences, les conquêtes importantes et durables se font pas à pas, Cela nous conduit à dire que le système de la protection est encore profondément enraciné ; il a créé trop d'inconséquences et d'injustices ; le faire disparaître d'une manière immédiate équivaudrait à tenter l'impossible. Cependant, il est beau de voir s'effacer peu à à peu des institutions humaines les restes d'un régime à jamais flétri. Cette façon très lente d'arriver sur la route du progrès ne doit pas être dédaignée, car elle constitue l'unique moyen de se maintenir sur la voie de ce qui est bien.

Les relations des nations entre elles et leur manière d'influer les unes sur les autres constituent ce qu'on appelle le commerce. L'effet général du commerce est de porter à la paix ; car deux peuples qui négocient ensemble se rendent réciproquement des services. En effet, si l'intérêt de l'un est d'acheter, l'intérêt de l'autre est évidemment de vendre ; en un mot, toutes les unions sont fondées sur des besoins mutuels. Or comment les échanges pourraient-ils se développer, si l'on restreint la faculté d'acheter au dehors ? L'étranger ne viendra rien prendre chez nous, s'il ne peut nous vendre ce qu'il a. Si le pouvoir de lui acheter n'est pas entier, nous allons directement à l'encontre de ce qui nous est avantageux ; nous mettons gratuitement des obstacles à la vente de nos marchandises.

On a dit avec raison que la liberté peut seule apprendre aux peuples à quelle industrie ils sont aptes ; à déterminer ce qui est appelé les vocations nationales. L'individu serait un sot s'il prétendait faire sa maison, ses aliments, ses habits, sa montre et ses souliers lui-même, pour s'affranchir de ces tributs serviles qu'il paie matin et soir au travail d'autrui ; les nations seraient absurdes de vouloir créer tout ce qu'il leur faut. C'est assez qu'elles se mettent en mesure d'acheter ce qui leur manque. Le sol, le climat, la race, l'éducation, déterminent les facultés industrielles ou productives de chaque pays. Ne forçons point notre talent, poussons-le aussi loin qu'il peut aller, et ne rougissons pas de prendre chez nos voisins, à charge de revanche, ce que nous ne pouvons pas nous donner nous-même. Tel peuple est admirablement situé pour produire la viande, fabriquer le fer, la porcelaine, mais la nature lui a refusé le vin, la soie, l'art industriel.

Qu'il produise en surabondance les biens qui coûtent le moins à son sol et à son tempérament, et qu'il nous envoie son trop plein en échange du nôtre. Les expositions universelles seraient de grands spectacles navrants, si elles n'avaient pas pour conséquence proche ou lointaine la liberté absolue du commerce.

La faculté de pouvoir échanger une denrée contre une autre denrée résulte du droit naturel. Admettons que l'Espagne et la Russie possèdent des tarifs où le régime restrictif règne exclusivement ; supposons aussi qu'un habitant de Saint-Pétersbourg veuille échanger des objets prohibés ou imposés au-delà du raisonnable par le tarif de chacune de ces puissances, il est bien certain que ni le Russe ni l'Espagnol ne pourront faire de commerce ensemble. D'après la jurisprudence de ceux qui désirent soit la prohibition, soit une surtaxe sur les produits étrangers, les choses doivent se passer de la manière suivante : tout ce que l'Espagnol pourra faire sera de vendre au Russe ce qu'il a, mais ce dernier ne pourra pas importer en Russie le produit espagnol ; il en sera de même pour le produit russe, à l'occasion de son entrée dans la péninsule ibérique. Toutefois, chose plus déplorable, si la législation des deux pays accorde une immunité de droit d'importation, ce ne sera pas pour acheter en Russie comme en Espagne un produit utile au commerce de chaque négociant, mais pour y prendre une autre sorte de marchandise connue sous le nom de matière première, jouissant du priviége de l'immunité de toute taxe et bonne seulement pour une industrie autre que la leur.

Donner et retenir ne vaut disent les jurisconsultes. Dans ce fait qu'il est permis à l'Espagnol et au Russe de vendre au dehors tout objet à leur convenance, et dans la défense qui leur est faite d'acheter telle chose et non point telle autre, n'y a-t-il pas comme une moquerie ? Ce sophisme n'est pas nouveau, il est bien vieux. Il florissait surtout en plein XVIII° siècle. Malgré son vaste et grand esprit, Voltaire, lui-même, n'a pu se défendre des préjugés de ses contemporains en faveur de la balance du commerce et des prohibitions : « Si nous attrapions de » l'étranger dix millions par an pour la » balance du commerce, il y aurait dans » vingt ans deux cents millions de plus » dans l'Etat. » *(L'homme aux quarante écus)*. Les partisans de la surtaxe ne sont

jamais à court de justifications à ce sujet ;
ils répondent qu'il ne faut point admettre
cette liberté dans les échanges internationaux, car ce serait entrer dans une
voie portant aux industries auxquelles
ils se livrent des préjudices tellement
sérieux, que ce serait l'équivalent de leur
ruine.

Comme on le voit, la discussion sur ce
point repose encore tout entière sur la
question d'intérêt personnel. A cette
objection, il pourrait être répondu par
une autre et celle-ci, à nos yeux, a le
mérite d'être on ne peut mieux concluante.
Je ne demande point, pourrait-on dire
aux protectionnistes, qu'il soit mis des
obstacles aux ventes faites par vous à
l'étranger : pourquoi donc apportez-vous
des empêchements à ce que je puis m'y
procurer ? Dans quel livre de morale,
privée ou publique, a-t-on vu qu'il doit
être accordé au fabricant toute facilité
pour retirer de sa marchandise le prix le
plus avantageux, sans laisser au consommateur la liberté de se pourvoir là où il
trouve à meilleur marché ? Puisque l'intérêt de chacun de nous domine dans le
débat, avouez, pourrait-il être ajouté par
le consommateur, que mon intérêt doit
me toucher autant que le vôtre vous

touche ; et si je dois désirer qu'un des deux l'emporte, évidemment ce sera le mien. Tout ce qui peut être raisonnablement et légalement demandé, c'est de faire payer à ma marchandise un droit proportionné à celui payé par la marchandise fabriquée par vous.

Maintenant, plus que jamais, l'égalité des contributions ne doit être un non-sens. L'époque est venue de se dépouiller du vieil homme. En matière d'échanges, enfin, on ne connaît pas de désintéressement dans le sens philosophique du mot ; le droit seul est admis : or, le droit est fils de la liberté.

Au point de vue scientifique, le consommateur et l'exploitant ont toujours été parties adverses, dans le procès de l'indépendance des échanges. Elle est peu admirée, cette manière de procéder, formant l'essence du système protectionniste, laquelle consiste à prendre aux uns pour donner aux autres. On ignore généralement que les droits protecteurs ne constituent pas, à proprement parler, un produit annuel au Trésor. C'est plutôt un revenu accidentel, comme celui de certaines recettes accessoires. Ainsi, au lieu d'être établis pour empêcher la vente de certaines marchandises dont la production n'a pas lieu dans le pays, les droits d'entrée devraient seulement exister pour donner à l'État une somme aussi certaine, aussi fixe que peut la donner toute taxe indirecte.

Cependant beaucoup d'écrivains, même contemporains, attribuent aux surtaxes en question l'effet d'enrichir la caisse publique. Erreur grossière ; dans la circonstance actuelle, il n'y a rien de commun entre les avantages du budget national et ceux des intéressés, à l'éloignement du marché des concurrents du dehors. La cherté n'a jamais rien valu. Ce qui constitue la fortune générale est absolument identique à ce qui fait la fortune des particuliers. Au reste, il ne suffit pas de mettre un droit exorbitant sur une chose pour que la taxe produise beaucoup. Dans son traité d'Economie politique, J.-B. Say dit que deux et deux ne font pas toujours quatre. Cet axiome est fort juste. Les droits très élevés sur n'importe quel objet fongible en affectent puissamment le prix ; son renchérissement en est la conséquence immédiate. L'objet surimposé étant alors moins demandé, est atteint dans sa consommation, laquelle devient plus rare ; d'où il suit qu'une marchandise disparaît du marché, quand il n'y a plus de proportion gardée entre sa valeur et la taxe dont on l'a frappée. Les observations qui viennent d'être faites, nous les croyons vraies pour tout objet taxé au-delà du raisonnable : on n'a pas encore vu deux causes semblables ne pas produire le même effet.

La nature humaine possède un pouvoir d'accroître ses richesses qui tient du prodige. L'empire de l'homme sur la matière existe dans la force physique et dans la force morale de chaque individu. Cette puissance étonnante se manifeste de nos jours toutes les fois que l'activité industrielle d'un peuple est laissée libre d'agir comme elle le veut. Les lois relatives à l'impôt doivent être faites dans ce sens. Tout autre donnée sera non-seulement défectueuse, mais même blâmable sous le rapport économique et moral. Le droit protecteur étant considéré comme la substance héroïque inventée par le producteur national afin de faire perdre au consommateur l'envie des similaires fournis par l'étranger, l'accroissement de la taxe d'importation, dans les conditions normales, se trouve, dès lors, naturellement arrêté.

Abolir la surtaxe en question et laisser subsister le droit fiscal, c'est donner de

l'essor aux capitaux ne sachant où se
placer, c'est favoriser le goût des entreprises lointaines sagement mûries et
sagement conduites ; penchant heureux,
quoi qu'on en dise, ayant procuré des
richesses immenses à toutes les nations
antiques, et donnant des richesses de
toutes sortes, plus magnifiques encore,
aux nations modernes qui ont eu le bon
esprit de ne pas l'étouffer en elles-mêmes.
Celles-ci, l'histoire est là pour nous l'apprendre, sont toujours arrivées à un haut
degré de splendeur, lorsqu'elles ont su
mettre de côté toute idée mesquine de
discussion intérieure ou d'opposition sys-
tématique envers leur gouvernement,
mais seconder le Pouvoir toutes les fois
qu'il mettait à exécution le principe fécond
de se procurer des débouchés dans les
pays éloignés, soit en les colonisant, soit,
selon les circonstances, en apprenant à
certaines peuplades à respecter le droit
des gens.

Ainsi, les colonisations et les expéditions faites par la France depuis plus de
50 ans peuvent, à bon droit, être appelées
les plus grandes tentatives civilisatrices
du siècle. Une pareille qualification leur
convient, parce qu'elles ont eu pour principe l'honneur national outragé, le déve-

loppement du commerce extérieur et la satisfaction due aux intérêts de français indignement lésés. Au reste, sans parler des Etats-Unis cherchant à s'arrondir le plus possible dans le Nouveau-Monde, comme à étendre leur commerce dans toutes les contrées, la Russie, l'Angleterre et l'Allemagne, toujours inquiètes, font des expéditions lointaines pour trouver des débouchés importants. Quand une expédition menace d'avorter ou qu'elle semble ne pas donner, dès le début, ce qu'on s'était promis, aucune de ces nations ne désespère du résultat, aucune ne déserte la cause de la colonisation ; elles savent ce qu'il y a de fécond dans l'accroissement de la puissance d'un peuple. Leur ténacité exemplaire n'a pas d'autre mobile. Ce qui se passe dans l'Asie centrale, dans le Soudan, à la côte orientale, à la côte occidentale d'Afrique, de même qu'en Océanie, le prouve surabondamment. Cette soif inextinguible d'extension de territoire russe, anglais, et allemand, a pour cause unique le besoin de la multiplication des échanges.

A l'époque actuelle, tout tend à se lier d'une manière intime. Il faut donc que les anneaux de la chaîne économique ne soient pas disjoints. L'émancipation radicale de la vente et de l'achat est le seul moyen propre à souder les diverses parties du tout social. Cette idée, aussi noble que généreuse, étend peu à peu sa bienfaisante influence sur les deux hémisphères

Les idées fertiles, n'importe l'endroit où elles naissent ou sont jetées par le vent social, suivent toujours le mouvement que leur imprime le progrès. La résistance qui leur est faite ne cesse pas cependant de faire entendre les mêmes plaintes, quel que soit le peuple chez lequel elles pénètrent.

Quand on voit la vieille Europe forcer à coups de canon des chefs de Barbares à comprendre et à mettre en pratique la liberté des transactions commerciales, on est étonné qu'elle tienne autant elle-même à ce qui lui reste de ce régime usé, caduc, qu'on appelle le système protecteur.

CHAPITRE V

CONCLUSION

L'impôt ne devrait être que la mise apportée par chaque individu dans la vie civile, pour avoir part à ces bienfaits ; elle devrait être proportionnée aux avantages qu'en retire le contribuable ; elle ne doit, *en aucun cas*, entraver la liberté nécessaire au succès de son industrie.

SULLY.

Tout ce qui vient d'être dit, nous a paru devoir suffire à des esprits ayant quelque connaissance non seulement de ce que sont les droits d'importation, mais de ce qu'ils devraient être dans la doctrine économique des peuples.

Notre tâche étant dès lors arrivée à son terme, il ne nous reste plus qu'à mentionner les résultats les plus importants auxquels nous croyons être parvenu.

Dans l'aperçu général, nous avons montré le régime protectionniste cédant, non sans combats, la place au libre-échange, soit dans l'ordre moral, soit dans l'ordre matériel.

L'expérience unie à la raison a été

prise pour guide, afin de poser, d'une manière certaine, les vrais principes de liberté et d'égalité en matière de transactions commerciales comme en matière d'impôt.

Nous croyons avoir mis en lumière la vérité suivante : les droits d'importation, quand ils sont établis judicieusement, exercent une impression considérable d'abord et un mouvement extraordinaire ensuite, sur les organes et les fonctions vitales de toute société civilisée.

Dans ce travail, nous exprimons des convictions données et affermies par des phénomènes économiques sérieusement étudiés par nous dans les deux hémisphères.

Le but que nous poursuivons sera complétement atteint, si nous sommes parvenu à prouver que c'est au nom d'une étrange liberté commerciale que certains économistes veulent arracher toute indépendance à la production nationale.

Notre devise est invariable, elle se résume dans les quelques mots ci-après : liberté absolue dans les échanges, pas de privilège, égalité pour tous devant la loi fiscale.

Trois grands systèmes se partagent

inégalement le monde économique : le système protectionniste, le système libre-échangiste et le système abolitionniste. Ce dernier est le fils adultérin du libre-échange. C'est une doctrine hybride, dégénérée, marquée au front du signe de l'impuissance et à laquelle toute fécondité est refusée; elle est au producteur national ce que le vol est à la propriété.

L'industrie et le commerce, tels qu'ils existent aujourd'hui, sont de création moderne. On comprend que les marchands et les colporteurs, pendant le moyen-âge, ne vinssent plus dans tel ou tel château, dans tel ou tel bourg, lorsque le châtelain ou le seigneur de la localité les violentait, en leur faisant payer des droits exorbitants.

Mais à notre époque, il ne s'agit plus de pareilles choses. Se servir d'exemples analogues à ceux-là pour prouver, en premier lieu, que l'immunité de toute taxe doit être accordée aux marchandises venant du dehors; en second lieu, que les échanges avec l'étranger seraient atteints dans leur source, si on leur appliquait le droit commun, c'est vouloir nous épouvanter comme on effraye les enfants, en leur parlant de fantômes dont l'apparition ou la disparition s'exécuterait au moyen de certaines formules consacrées.

Après avoir examiné l'ensemble des opinions émises par les diverses écoles, la préférence a dû être justement accordée par nous au libre-échange ; non pas le libre-échange tel qu'on voudrait le refaire, mais comme il s'est fait connaître par son manifeste primitif et ses proclamations ultérieures. Cette option nous a paru découler des idées les plus saines qu'il soit possible de posséder en matière de contributions publiques.

Les vrais libre-échangistes sont les ennemis nés du privilége, tandis que les partisans de la protection et de l'abolition veulent des traitements de faveur, en sens contraire, c'est vrai, mais enfin de la faveur. Dans son livre philosophique du *Vrai, du Beau et du Bien,* V. Cousin dit qu'il faut partir de l'homme pour arriver aux choses. Cette observation est juste en tous points et peut parfaitement s'appliquer à la circonstance actuelle. Les prétentions des abolitionnistes sont d'autant plus détestables qu'elles se dissimulent en prenant les formes les plus libérales.

Les deux systèmes en question réclament, l'un, l'éloignement du marché national de tout concurrent étranger ; l'autre, le plus jeune, croyant vite et voulant agir encore plus vite, exigerait la disparition du même marché des marchandises régnicoles ayant des similaires à l'extérieur. Toutefois, rendons lui cette justice : il n'a pas une conscience bien claire des conséquences où l'entraîneraient les premières propositions de son syllogisme, parce qu'il a les vues les plus courtes et les plus fausses en matière d'impôt.

Dans tous les cas, le privilège est l'enjeu simultanément convoité. Selon les abolitionnistes, toutes les marchandises consommées dans un pays ne devraient pas leur contingent aux dépenses ayant pour but l'intérêt de tous. En pareille circonstance, l'application de l'équité dépendrait du lieu de production des denrées.

Il est assez singulier de trouver un pareil raisonnement dans les écrits de certains économistes.

C'est une étude très attrayante que celles des principes, des règles, des fonctions et de la nature des taxes supportées par les objets étrangers. Si le droit sur les marchandises n'a pas sa raison d'être, l'impôt foncier est une grande injustice. Enfin si le droit d'importation est, comme on cherche à le faire croire, une anomalie et une contradiction, il faut en dire autant de tout autre impôt quel qu'il soit et quel qu'il puisse être, cela est d'une évidence mathématique.

Où a-t on vu que telle industrie, profitant des avantages sociaux, ne participera pas, comme telle autre, aux charges imposées par la communauté, pour faire jouir chacun de ce qu'il a et de ce qu'il peut légitimement acquérir ? La liberté et l'égalité sont-ils deux mots vides de sens ? Ils sont au contraire la sublime expression de ce que la philosophie du dix-huitième siècle a pris le plus à cœur de faire triompher. Méconnaître ce que nos pères ont conquis et proclamé en 1789, c'est fausser ces deux instruments d'éternelle justice.

Dans tout ce qui a été dit sur ce point, il n'y a rien de suranné ni de paradoxal. Nos raisonnements ont été déduits des faits. Une analyse rigoureuse devait, par suite, nécessairement donner les principes que nous avons fait ressortir et dont l'universalité et la nécessité sont avouées par ceux à qui l'engouement de la nouveauté n'a pas été l'intelligence du vrai et du bien en matière d'équité sociale.

Nos affirmations peuvent se résumer dans la synthèse suivante : soit qu'on s'occupe du droit d'importation au point de vue du Trésor, soit qu'on le considère au point de vue de la production et de la circulation, il est incontestable que le produit étranger doit être imposé, si l'on taxe le produit national. La science économique et le droit moderne sont d'accord sur une question aussi importante, car elle est comme le pivot sur lequel se meut la machine fiscale de tous les peuples civilisés.

Il n'est pas une question de l'ordre économique se rattachant à l'impôt, dont la solution ne doive être donnée par la morale et non point par la seule étude des faits.

Si la loi doit garantie et sécurité au producteur industriel, au producteur manufacturier et au producteur agricole, elle ne doit pas entraver le producteur commercial, dont les opérations ne peuvent être fructueuses qu'en s'accomplissant au soleil de la liberté ; enfin, c'est en mettant sur la même ligne le producteur indigène et le producteur étranger, que le législateur peut seulement montrer qu'il a quelque souci du consommateur, dont les besoins sont la cause finale de tout phénomène économique.

Dans les questions de l'ordre de celle dont nous parlons actuellement, il faut fuir avec soin toute présomption psychologique ; il ne faut pas de témérité dans les hypothèses, il ne faut pas, non plus, de l'effronterie dans les affirmations.

Les doctrines des abolitionnistes et des protectionnistes sont aussi hardies dans leurs procédés qu'elles sont peu désintéressées dans leur ambition.

Le système des abolitionnistes perd la liberté commerciale par ses excès et, comme le système protectionniste, avec lequel il a plus d'un lien de parenté, il ramène au despotisme industriel sous le prétexte des intérêts de tous.

Jamais il ne faut prendre l'inverse de ce que conseille le bon sens et de ce qu'ordonne la justice.

Ce qui n'est pas assis sur des fondements inébranlables, ce qui est passager, ne mérite pas le nom de science, a dit Platon. — Voilà pourquoi les éclectiques en économie applaudissent à tout changement de tarif douanier ayant pour objet de faire disparaître les surtaxes et les remplacer par une taxe unique et modérée. La phalange illustre comptant à son premier rang J.-B. Say, Robert Peel, Bastiat et Cobden, n'a jamais demandé autre chose.

Afin de prouver notre assertion, nous allons citer quelques-unes des belles paroles prononcées par M. Gladstone à la Société d'économie politique de Paris :
« Il en est dans la voie de la liberté com-
» merciale comme dans celle de la vertu ;
» le commencement est le plus difficile,
» les derniers efforts sont les plus fruc-
» tueux. Notre travail doit tendre à ef-
» facer jusqu'au dernier vestige du droit
» protecteur, à ne maintenir que les
» taxes purement fiscales qui, sans créer
» de préférence abusive, maintiennent
» une source de revenus profitables. »

Lamartine a dit du drapeau tricolore une vérité pouvant être parfaitement appliquée au libre-échange : il fait le tour du monde.

Interprète fidèle du sens et de la lettre des traités commerciaux, la douane française applique ces conventions internationales avec un sentiment digne d'éloges. Cette branche si importante des services publics comprend le progrès comme il doit être conçu ; c'est-à-dire qu'elle met en pratique, au plus haut degré, ce qui excelle et ce qu'il y a de haute moralité dans sa grande mission. Le bon esprit qui l'anime est puisé tout entier dans le mérite supérieur, le haut bon sens et la science profonde de son directeur général et dans le talent économique et financier des administrateurs qui délibèrent avec lui.

Ce qui assure le triomphe des droits sur la production étrangère et en consolide la durée, c'est que les économistes dominés par l'amour de la science, voient, dans cette contribution, l'application la plus prudente des tendances égalitaires vers lesquelles convergent les idées actuelles. En effet, l'agriculteur anglais aurait mauvaise grâce (l'impôt foncier n'existant pas dans la Grande-Bretagne), à demander que les produits du sol étranger, importés dans le Royaume-Uni, soient simplement taxés.

Mais si les denrées et les autres produits de l'agriculture française paient l'impôt direct, il faut que les marchandises similaires du propriétaire auglais, suisse ou italien, consommées en France, paient, non pas un droit prohibitif, mais une taxe équivalente à celle payée par le producteur français ; peu importe que la quote-part du premier soit donnée au percepteur et celle du second à un autre fonctionnaire délégué par l'Etat à la frontière ; la dénomination de l'agent du fisc n'est pour rien dans la question actuelle. Il s'agit de l'égalité de traitement et du contingent que toutes les valeurs doivent à la protection sociale, seule raison d'être des contributions publiques.

Le raisonnement qui vient d'être fait pour les produits agricoles, peut s'appliquer à tout objet manufacturé.

Quoi qu'on dise, on ne parviendra pas à obscurcir ce qui vient d'être mis en évidence.

Imposer les produits d'un pays, privilégier les produits étrangers, privilégier les produits indigènes et surtaxer les produits étrangers, c'est retourner à l'iniquité antique, empêcher les institutions modernes de doubler le cap du monopole et vouloir, surtout, l'opposé des sublimes enseignements donnés par ces grandes foires appelées les expositions françaises.

La thèse que nous venons de soutenir est loin d'être une utopie. S'il est vrai que son objet soit séduisant par le senti- ment national, il n'en est pas moins vrai aussi que ce même objet a quelque chose de mieux : il est basé sur l'équité, car il est impossible de nier son caractère de justice.

Au reste, plusieurs fois déjà, le con- grès des sociétés savantes a émis un vœu ayant pour but l'application de la théorie de l'égalité complète entre les étrangers et les régnicoles sur le marché français. En effet, on lit dans un des rapports ré- digés par les représentants de l'érudition et de la science, la demande très explicite de « l'établissement sur les denrées agri- » coles étrangères de droits proportion- » nés à ceux qui pèsent sur les produits » indigènes. »

S'il y a un regret à exprimer au sujet de ce désir, c'est que la docte assemblée ne se soit occupée que d'une branche de la production et qu'elle ait omis les mar- chandises auxquelles l'industrie manu- facturière étrangère a donné une main d'œuvre.

Comme tout ce qui est équitable, la taxation pure et simple de tous les produits du dehors s'imposera d'elle-même au législateur, nous en avons la ferme conviction. Ce n'est plus une question de principe, c'est une de ces réformes que le progrès des idées économiques emmènera nécessairement avec lui.

Par suite des négociations auxquelles il a fallu se livrer, le tarif des droits d'importation est, en France, depuis quelques années, l'objet de nombreux et importants remaniements. C'est une période de transition.

On l'a dit avec raison : le tableau des droits de douane, tel qu'il existe, n'est pas le résultat de l'application des principes économiques, c'est le produit d'une ligne de conduite qu'il a fallu suivre, afin de ne pas revenir dans l'ornière du système restrictif.

Lorsque les droits d'importations seront établis comme ils doivent l'être, on verra cesser la situation irrégulière dans laquelle se trouvent placées l'agriculture et l'industrie française.

Osons le dire, cet état passager est à la production et à la consommation nationales ce que la guerre est à la société, or la guerre est un fait anormal.

Cette heureuse et pacifique révolution s'accomplira d'elle-même à une époque relativement prochaine. La nation française possède, au plus haut degré, la vertu qui enseigne d'arriver à ses fins en évitant ce qui pourrait nuire au développement de la production générale. Sa confiance dans l'avenir est inébranlable. Comme l'a dit M. de Freycinet dans le message ministériel du 16 janvier 1886: «Il faut » avancer résolument vers les réformes » que le pays attend, car l'ordre républi- » cain n'est pas l'immobilité. Il doit être » un effort incessant vers le progrès, un » accroissement continu de la liberté, » une élévation constante du niveau ma- » tériel et moral de la démocratie. »

Cela viendra avec le temps. Ce maître impérieux ne veut absolument pas qu'on fasse rien sans lui ; car, selon comme on sait le prendre, il se présente comme un obstacle ou comme un moyen.

Fin.

TABLE

St-Nazaire. — Imp. FRONTEAU.